複式簿記の基礎

村田 直樹
竹田 範義 編著
工藤 久嗣

税務経理協会

まえがき

　本書は，複式簿記の初歩的な知識・技法を習得することを目的として，初学者を念頭に執筆されている。本書の執筆にあたっては，会計政策研究会メンバー7名によって，事前の数回にわたる検討を行い，分担章やその内容などを十分研究・討議し，各章の要点の統一を図り，さらに編著者が校閲して，日本商工会議所簿記検定3級の範囲をすべて網羅するよう全体的な調整を行っている。

　簿記の学習で重要なのは，自ら計算し，解答することによって「体得」していくことである。本書では，十分な理解が得られるよう多くの例題を設け，知識の一方的な解説に終わらないよう配慮している。学習上の便宜のため，本書の構成を示せば以下のようになる。

　第1章と第2章では，「複式簿記の基本原理」が解説されている。いかなる学問分野であれ，基本原理を正確に理解しておくことは非常に重要である。第3章から第11章では，「取引の各論」が解説されている。企業はさまざまな取引を行っているが，その取引を的確に処理できるよう多くの例題に接してほしい。第12章と第13章では，「帳簿組織と決算内容」が解説されている。複式簿記の主要目的である経営成績・財政状態の表示が，損益計算書・貸借対照表を通じて表現されることとなる。

　初学者にも容易に理解できるよう執筆したが，理解が困難な点，記述の不明確な点があれば，執筆者・編著者の責任である。ご教示いただければ，機会をみて修正するつもりである。

　最後に，格別のご配慮をいただいた株式会社税務経理協会書籍企画部峯村英治氏，および書籍製作部岩渕正美氏に心から御礼を申し上げる次第である。

　2003年3月

編著者一同

目　　次

まえがき

第1章　複式簿記の構造……………………………………………3
　1　複式簿記の意義……………………………………………3
　2　複式簿記の目的……………………………………………4
　3　複式簿記の要素……………………………………………4
　4　簿記上の取引と勘定記入…………………………………5
　5　仕訳と勘定記入……………………………………………8

第2章　簿記一巡の手続き…………………………………………9
　1　複式簿記の手続き…………………………………………9
　⑴　**期中手続き**　9
　⑵　**決算手続き**　10
　2　決算手続きと財務諸表の作成……………………………11
　⑴　**取引の分析**　11
　⑵　**決算予備手続き**　13
　⑶　**決算本手続き**　16
　⑷　**財務諸表の作成**　18

第3章　現金預金……………………………………………………21
　1　現　　金……………………………………………………21
　⑴　**現　　金**　21
　⑵　**現金出納帳**　22
　⑶　**現金過不足**　22

2　預　　　金……………………………………………………25
　　　(1)　当 座 預 金　25
　　　(2)　当座預金出納帳　27
　　　(3)　当 座 借 越　27
　　　(4)　当　　　座　28
　　3　小 口 現 金……………………………………………………29
　　　(1)　小 口 現 金　29
　　　(2)　定額資金前渡制度（インプレスト　システム）　30
　　　(3)　小口現金出納帳　31

第 4 章　商品売買……………………………………………………33
　　1　商 品 売 買………………………………………………………33
　　2　分 　記 　法………………………………………………………33
　　3　三 　分 　法………………………………………………………34
　　　(1)　仕 入 勘 定　34
　　　(2)　売 上 勘 定　36
　　　(3)　繰越商品勘定　38
　　4　仕 　入 　帳………………………………………………………38
　　5　売 　上 　帳………………………………………………………40
　　6　商品有高帳………………………………………………………41
　　　(1)　先入先出法　42
　　　(2)　移動平均法　43
　　7　商品売買損益……………………………………………………45

第 5 章　債 権 債 務…………………………………………………47
　　1　概　　　要………………………………………………………47
　　2　売掛金・買掛金…………………………………………………48
　　　(1)　売掛金勘定と買掛金勘定　48

(2)　人名勘定　49
　　(3)　売掛金元帳と買掛金元帳　49
　　(4)　統制勘定　52
　　(5)　貸倒損失と貸倒引当金　52
　　(6)　償却債権取立益　54
　3　その他の債権債務………………………………………54
　　(1)　貸付金と借入金　54
　　(2)　未収金と未払金　56
　　(3)　前払金（前渡金）と前受金　58
　　(4)　立替金と預り金　59
　　(5)　仮払金と仮受金　60
　　(6)　商品券と他店商品券　62

第6章　有価証券……………………………………………65
　1　概　　　要………………………………………………65
　　(1)　有価証券　65
　　(2)　有価証券の種類　67
　　(3)　有価証券の会計処理　67
　2　有価証券の取得…………………………………………68
　3　配当金と利息の受取り…………………………………70
　4　有価証券の売却…………………………………………71
　5　有価証券の評価替え……………………………………72

第7章　手　　　形…………………………………………75
　1　手形の経済的機能と種類………………………………75
　　(1)　手形の経済的機能　75
　　(2)　約束手形　76
　　(3)　為替手形　77

2　手形の処理……………………………………………………………77
　　(1)　約束手形の処理　　77
　　(2)　為替手形の処理　　79
　　(3)　特殊な為替手形　　83
　3　手形の裏書・割引……………………………………………………84
　　(1)　手形の裏書譲渡　　84
　　(2)　手形の割引　　85
　4　手形取引の記帳………………………………………………………87
　　(1)　受取手形記入帳　　87
　　(2)　支払手形記入帳　　89
　5　金融手形の処理………………………………………………………89
　　(1)　金　融　手　形　　89
　　(2)　手形貸付金・手形借入金　　89
　6　手形の更改……………………………………………………………90

第8章　固定資産…………………………………………………………93
　1　固定資産の分類………………………………………………………93
　2　固定資産の取得………………………………………………………93
　3　資本的支出（改良）と収益的支出（維持・修繕）………………94
　4　減　価　償　却………………………………………………………95
　　(1)　減価償却の計算方法　　96
　　(2)　減価償却の記帳方法　　96
　5　固定資産の売却………………………………………………………98

第9章　資　本　金………………………………………………………101
　1　資　　　　　本………………………………………………………101
　2　資　本　金……………………………………………………………101
　　(1)　資本の増加取引　　102

(2)　**資本の減少取引**　102
　　3　**引　出　金**……………………………………………………103

第10章　経　過　勘　定……………………………………107
　1　費用・収益の繰延べと見越し……………………………107
　2　費用の繰延べ………………………………………………108
　3　収益の繰延べ………………………………………………110
　4　費用の見越し………………………………………………112
　5　収益の見越し………………………………………………113

第11章　税　　　　　金……………………………………115
　1　個人企業の税金……………………………………………115
　2　所　得　税…………………………………………………115
　3　住　民　税…………………………………………………116
　4　事　業　税…………………………………………………117
　5　固定資産税…………………………………………………118
　6　印　紙　税…………………………………………………118

第12章　帳簿組織・伝票……………………………………121
　1　帳　簿　組　織……………………………………………121
　　(1)　**仕　訳　帳**　121
　　(2)　**総勘定元帳**　122
　　(3)　**補　助　元　帳**　122
　　(4)　**補助記入帳**　122
　2　伝　票　会　計……………………………………………122
　　(1)　**一　伝　票　制**　123
　　(2)　**三　伝　票　制**　124
　　(3)　**五　伝　票　制**　129

第13章 決　　　算 ……………………………………………135
　1　決算の意義 ……………………………………………………135
　2　決算手続き ……………………………………………………135
　3　決算予備手続き ………………………………………………136
　　(1)　**試算表の作成**　　136
　　(2)　**棚卸表の作成と決算整理**　　138
　　(3)　**精算表の作成**　　141
　4　決算本手続き（帳簿決算）…………………………………143
　　(1)　**帳 簿 決 算**　　143
　　(2)　**繰越試算表の作成**　　146
　5　財務諸表の作成 ………………………………………………147
　　(1)　**損益計算書の作成**　　147
　　(2)　**貸借対照表の作成**　　148

索　　引……………………………………………………………151

複式簿記の基礎

第 1 章
複式簿記の構造

1 ■ 複式簿記の意義

　簿記は，経済単位（企業，政府，家計など）が行う経済活動（財貨やサービスの授受，金銭の収支や賃貸によって生じる利益や損失など）について，これを金額に換算して，継続的に帳簿に記入することである。継続的な帳簿記入によって，人間の記憶を補完し，経済活動の物的証拠として経営の基礎資料となる。外部から受け入れた財産を管理する者にとっては，自己の管理責任を明示するための資料となる。通常，個人商店や株式会社といった企業では，複式簿記という簿記の形態が用いられる。複式簿記は，企業に投下された資本の全体としての価値が資本の構成部分の価値の総和に等しいという理論を基礎として，資本およびその各構成部分の転換過程を記録することによって，資本の運動を把握する技法である。

　複式簿記はいくつかの条件を前提として成り立っている。その第1は，**会計単位の前提**である。複式簿記は，個人商店であろうと株式会社であろうと，資本主や株主から独立した存在として，企業それ自体の経済的行為に関する記録計算を行う。この前提は，複式簿記における記帳範囲を限定するもので，企業会計では**企業実体**と呼ばれるものである。

　第2は**貨幣測定**の前提である。企業の経済活動を複式簿記によって記録・計算する場合，記帳の対象となるすべての事象を，共通の計算尺度である貨幣量で計上するという前提である。

　第3は，**会計期間**の前提である。複式簿記では，記帳範囲や表現方法の限定

ばかりでなく，時間的な限定も要求される。株式会社の発達にともない，これが継続企業として定着すると，企業の経済活動を適当な期間に区切り，これまでの記録を整理し，一定期間の経営成績と一定時点の財政状態を把握する決算を行う。この期間を会計期間または**会計年度**という。この場合，期間の始めを**期首**，期間中を**期中**，期間の終わりを**期末**と呼ぶ。

2 ■複式簿記の目的

複式簿記の主要目的は以下の3つがある。
① 備忘録および経営の基礎資料としての経済行為の歴史的記録
② 一定時点の財政状態の把握
③ 一定期間の経営成績の把握

複式簿記は，継続的な記録によって，人間の記憶を補完すると同時に，誤謬の修正に利用することによって，効率的な経営を行うための基礎資料となる。さらに，企業の合理的な運営や管理を行うために，過去の経営成績や現在の財政状態を把握することによって，将来の経営方針決定のための基礎資料として，複式簿記は活用される。また，社会的な制度によって，利害関係者に現在の状態を報告しなければならない場合は，その基礎資料となる。

3 ■複式簿記の要素

複式簿記では，企業活動の継続的な記録を行うにあたって，金額に換算し記録，計算，整理を行う。そのため，企業活動を次の5つの要素に分類する。
① **資産**（企業などが所有する財貨および権利など）
② **負債**（後日財貨や役務を提供する義務など）
③ **資本**（企業の総資産から総負債を差し引いた正味財産，企業活動の元手）
④ **収益**（財貨や用役の受入れによって企業の財産を増加させる原因となることがら）
⑤ **費用**（収益を獲得するために費消した経済的価値犠牲）

複式簿記の要素のうち，資産，負債，資本を記録し計算し整理することによって，簿記の目的の一つである一定時点の財政状態を明らかにすることができる。

一定時点（期末）の資産，負債，資本の金額を一覧にして財政状態を示した表を**貸借対照表**という。

また，企業の一定期間の収益と費用を比較，計算することによって，複式簿記の目的の一つである一定期間の経営成績を示すことができる。一定期間の収益，費用を比較計算し，整理した計算書を**損益計算書**という。

損益計算書	
費　用	収　益

4 ■簿記上の取引と勘定記入

　複式簿記では，企業の資産・負債・資本・収益・費用の各要素に増減変化をもたらすことがらを**取引**という。したがって，増減変化をもたらす原因は問われず，一般的な取引とは，若干の相違がある。たとえば，災害による現金や商品の減少は，一般的な意味での取引ではないが，結果的に資産の減少をもたらすことになるので，**簿記上の取引**に含まれる。また，建物などの賃貸借契約は一般的な取引であるが，契約それ自体は，企業の資産・負債・資本・収益・費用に金額的な増減をもたらすものではないので，簿記上の取引ではない。契約が履行され，費用などが発生した場合に，簿記上の取引となる。

　複式簿記では，資産・負債・資本・収益・費用の増減変化をもたらす取引となるものについては，すべて記録を行う。さらに，それぞれの要素を細かく分類して名称をつけ，**勘定口座**を設けて記録する。勘定とは複式簿記で記録・計算を行うための固有の単位で，細かく分類された勘定につけられた名称を

勘定科目という。たとえば，資産の項目である現金について，通常，以下のようなT字型の口座を設け，現金勘定を記録する。

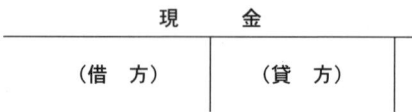

　勘定は，向かって左側を借方，右側を貸方と呼び，この借方と貸方について，一定のルールに従って，記録する。

　複式簿記の5要素について，それぞれの要素に分類される勘定の主要なものをあげれば以下のようになる。

① 資産の勘定……現金勘定，当座預金勘定，売掛金勘定，貸付金勘定，備品勘定，建物勘定など
② 負債の勘定……買掛金勘定，借入金勘定など
③ 資本の勘定……資本金勘定，引出金勘定など
④ 収益の勘定……売上勘定，受取利息勘定，受取地代勘定など
⑤ 費用の勘定……仕入勘定，給料勘定，保険料勘定など

　これら勘定の増減変化を記録する場合，次のルールに従って，勘定記入する。

図表1－1　勘定記入のルール(1)

資産の勘定	増加を借方に，減少を貸方に記録する
負債の勘定	増加を貸方に，減少を借方に記録する
資本の勘定	増加を貸方に，減少を借方に記録する
収益の勘定	発生を貸方に，（消滅を借方に）記録する
費用の勘定	発生を借方に，（消滅を貸方に）記録する

資　産			負　債	
増　加	減　少		減　少	増　加

資　本			収　益	
減　少	増　加		（消滅）	発　生

第 1 章　複式簿記の構造

```
       費    用
  発　生  │（消　滅）
          │
```

簿記上の取引を分析し記帳する場合，簿記の**基本等式**がその基礎となる。この基本等式は以下の式で示される。

$$資産 ＝ 負債 ＋ 資本$$

基本等式は，左辺に資産，右辺に負債および資本で成り立っており，等号の左側項目（資産に属する勘定）の合計額と右側項目（負債および資本に関する勘定）の合計額は必ず等しくなることを示している。この基本等式は，貸借対照表を作成する基礎となることから，**貸借対照表等式**と呼ばれている。

また，この基本等式において，各要素内の勘定がどのように機能するかを示せば，

```
    資　産       ＝     負　債        ＋     資　本
 (＋) │ (－)         (－) │ (＋)            (－) │ (＋)
```

さらに，収益は資本を増加させる項目であり，費用は資本を減少させる項目であるから，これを考慮すると以下のようになる。

```
    資　産       ＝     負　債        ＋     資　本
 (＋) │ (－)         (－) │ (＋)            (－) │ (＋)
                                           費用  │ 収益
                                         (＋)│(－) (－)│(＋)
```

複式簿記では，取引の勘定記入にあたって，もう一つの以下のような重要ルールがある。

図表 1 － 2　勘定記入のルール(2)

1	一つの取引について，2 つ以上の勘定に記入する
2	一つの取引について，借方合計金額と貸方合計金額は一致する

たとえば，現金を元入れして開業したという取引の場合，
　　現金の受入れ→現金（資産）の増加→現金勘定借方に金額を記入
　　資本の元入れ→資本金（資本）の増加→資本金勘定貸方に金額を記入
となる。

5 ■仕訳と勘定記入

仕訳とは，企業の経済行為が簿記上の取引であるかどうか認識し，金額を測定し，簿記上の要素に分類し，勘定科目を決定する手続きである。これは，取引が行われるたびごとに，その発生順に行われる。

たとえば，銀行から現金￥300,000借り入れた場合の仕訳は次のようになる。
　　現金（資産）の増加→現金勘定借方に￥300,000を記入
　　借入金（負債）の増加→借入金勘定貸方に￥300,000を記入
仕訳では，
　　　（借）現　　　　金　300,000　　（貸）借　入　金　300,000
となる。

取引について，仕訳を行った後，同じ内容を勘定口座に記入する。これを**転記**という。

5/9　（借）現　　　　金　300,000　　（貸）借　入　金　300,000
　　　　　　　　　　　⇩　　　　　　　　　　　　　⇩

（借）	現	金	（貸）	（借）	借　入　金	（貸）
5/9 借入金 300,000						5/9 現　金 300,000

転記する場合，金額だけでなく，取引の日付と相手勘定および金額が記入される。

以上のように，取引が行われると，その発生順に仕訳が行われ**仕訳帳**（すべての取引を日付順に記録する帳簿）に記入され，転記が行われる。転記は，**総勘定元帳**（仕訳を勘定科目ごとに集計する帳簿）に記入される。

第 2 章
簿記一巡の手続き

1 ■複式簿記の手続き

(1) 期中手続き

　複式簿記の目的は，受託財産の管理とともに，簿記上の取引と認識されたものを仕訳・整理し，貸借対照表・損益計算書を中心とする財務諸表を作成することにある。

　期中手続きとは，企業の経営活動と連動して日常的に行われる記帳業務のことであり，図表2－1のような過程で行われる。

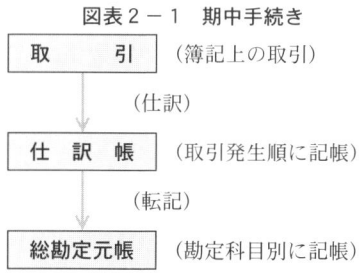

図表2－1　期中手続き

　まず，簿記上の取引と判断されたならば，仕訳を行って順次仕訳帳に記入されていく。仕訳帳は日付順（取引発生順）の記録簿であり，企業活動にともなう複雑な取引を整然と表示するのである。

　仕訳帳の記録をいくら積み上げても財務諸表にはならないため，その作成を行うための準備作業として仕訳情報を組み直す必要がある。この作業が転記であり，仕訳帳の記録は貸借対照表・損益計算書の構成要素である資産・負債・

資本・収益・費用の各勘定に再分類されるのである。実際の記入は，総勘定元帳に設定された各勘定口座になされ，財務諸表上の勘定科目として集約されていく。

以上のように，企業の取引活動に関する情報は，期中手続きによって累積していくこととなる。

(2) 決算手続き

経営が順調に行われると，企業は利益を獲得することで成長し事業を継続することができる。しかし，資金提供者である株主や債権者に対して活動成果を報告したり（これを**ディスクロージャー**という），将来の経営戦略に関する意思決定を行うには，不断に続く事業を人為的に区切り，一定期間ごとに企業業績を把握する必要がある。

決算手続きとは，期末（決算日）に実施される特別の手続きであり，仕訳帳や総勘定元帳などの帳簿を締め切ることによって財務諸表を作成する一連の過程である。

具体的には，決算予備手続き → 決算本手続き → 財務諸表の作成という順序で進行していくが，より詳細な手続きを示せば図表2－2のようになる。

図表2－2　決算手続き

決算予備手続き	試算表の作成 棚卸表の作成 精算表の作成
決算本手続き	総勘定元帳の締切 仕訳帳の締切 繰越試算表の作成
財務諸表の作成	損益計算書の作成 貸借対照表の作成

2 ■決算手続きと財務諸表の作成

(1) 取引の分析

本節では，次章以降の個別論点を習得し，最終的には図表2－2で示した決算手続き（第13章で詳説される）を理解するための前提として，簡単な例題を設定して簿記一巡の手続きを概観する。個々の取引が仕訳帳や総勘定元帳を通じて集約され，財務諸表が作成されていく過程を把握することが重要である。

例　題

真鍋商店の1年間の取引をもとに財務諸表作成までの流れを概観する。
① 平成×1年4月1日，現金¥10,000を元入れして営業を開始した。
② 店舗用の備品を購入し，代金¥3,000は現金で支払った。
③ 商品¥2,000を仕入れ，代金は掛とした。
④ 手許商品のうち¥1,000を¥1,800で販売し，代金は掛とした。
⑤ 事務用の消耗品¥50を現金で購入した（全額を消耗品費として処理）。
⑥ 売掛金のうち¥900を現金で回収した。
⑦ 家賃¥200を現金で支払った。

上記の取引は，すべて簿記上の取引であるため仕訳の対象となる。仕訳の結果を一覧表にすると次ページのようになる。仕訳の右側には，参考までに取引の結合関係を示してある。

④の取引は，「手許商品のうち¥1,000を¥1,800で販売し，代金は掛けとした」というものである。すなわち，③の取引で販売するための商品¥2,000を仕入れたが，その半分を¥1,800で販売したのである。¥1,800を売り上げるために¥1,000かかっているので，差額の¥800が「もうけ」として商品売買益勘定に計上されている。日々生じる取引を時系列順に仕訳していくこの一覧表は，いわゆる仕訳帳である。

	借　方		貸　方		取引の結合関係
①	現　　　　金	10,000	資　本　金	10,000	資産の増加―資本の増加
②	備　　　　品	3,000	現　　　金	3,000	資産の増加―資産の減少
③	商　　　　品	2,000	買　掛　金	2,000	資産の増加―負債の増加
④	売　掛　金	1,800	商　　　品 商品売買益	1,000 800	資産の増加―資産の減少 　　　　　　収益の発生
⑤	消 耗 品 費	50	現　　　金	50	費用の発生―資産の減少
⑥	現　　　　金	900	売　掛　金	900	資産の増加―資産の減少
⑦	支 払 家 賃	200	現　　　金	200	費用の発生―資産の減少
	合　　　　計	17,950	合　　　計	17,950	

　仕訳が行われると，転記を通じて総勘定元帳に記入される。仕訳帳の記録をすべて総勘定元帳に転記すると，以下のようになる。

```
      現      金              備      品          商 品 売 買 益
① 10,000 ② 3,000         ② 3,000 |                    | ④   800
⑥    900 ⑤     50
         ⑦    200          買　掛　金            消 耗 品 費
                                 | ③ 2,000     ⑤  50 |
      売　掛　金
④  1,800 ⑥   900          資　本　金            支 払 家 賃
                                 | ① 10,000    ⑦ 200 |
      商      品
③  2,000 ④ 1,000
```

　①の取引に関して，仕訳を総勘定元帳に転記する場合の記入関係を示しておく。借方の現金は現金勘定の借方に，貸方の資本金は資本金勘定の貸方に記入するという点に注意する。

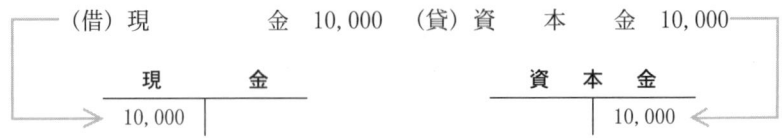

(2) 決算予備手続き

決算日には財務諸表を作成することとなるが，期中手続きの記録が正確であるか否かを検証した後でなければ，決算手続きを始めることはできない。**決算予備手続き**は，期中記録の正確性を検証し，円滑に決算本手続きを行うために実施される。具体的には，試算表，棚卸表および精算表の作成からなる。

試算表は，仕訳帳から総勘定元帳への転記が正確に行われたかを確認するために作成される。例題の総勘定元帳にもとづいて試算表を作成すると，以下のようになる。

合計残高試算表

借方残高	借方合計	勘 定 科 目	貸方合計	貸方残高
7,650	10,900	現　　　　金	3,250	
900	1,800	売　掛　金	900	
1,000	2,000	商　　　　品	1,000	
3,000	3,000	備　　　　品		
		買　掛　金	2,000	2,000
		資　本　金	10,000	10,000
		商 品 売 買 益	800	800
50	50	消　耗　品　費		
200	200	支　払　家　賃		
12,800	17,950		17,950	12,800

借方合計・貸方合計の欄は，総勘定元帳に設定されている勘定科目の貸借金額をそれぞれ単純合計したものである。ここでは，現金勘定の計算を図示しておく。

```
          現       金
        ① 10,000 │ ② 3,000
10,900 ─ ⑥    900 │ ⑤    50      3,250
                   │ ⑦   200
```

ここで重要なのは，試算表は総勘定元帳の勘定記入を合計して一覧表にしただけであり，その総勘定元帳は仕訳帳の記録を再分類したものということである。すなわち，仕訳の情報を組み直しているにすぎないのであるから，結果と

して仕訳帳の合計額と試算表の合計額は，必ず一致（例題では¥17,950）することとなるのである。

　残高欄は，借方・貸方の合計額を比較し，超過している方にその超過額を記入する。現金勘定の計算を示すと，借方¥10,900と貸方¥3,250を比較し，超過額の¥7,650を借方に記入するのである。借方が超過している場合を**借方残高**，貸方が超過している場合を**貸方残高**という。

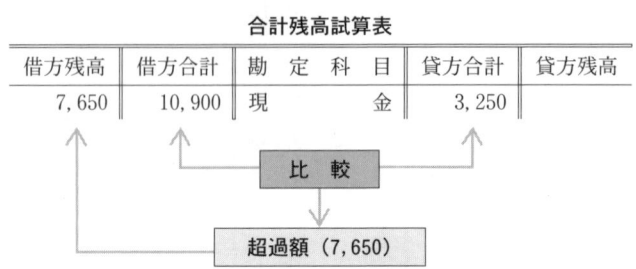

　前ページで示したような借方・貸方の合計欄と残高欄をともに備えているものを**合計残高試算表**，借方・貸方の合計欄のみを備えているものを**合計試算表**という。

　総勘定元帳の記録は，適正な期間損益計算という決算の目的からすると，必ずしも正確な金額を表示していない場合がある。そこで決算にさいしては，期間損益計算の観点から元帳記録を修正する必要がある。これを**決算整理事項**（期末整理事項）といい，**棚卸表**に一覧表示する。本節の例題では，②の取引で取得した備品に対して減価償却という処理を行うこととなるが，詳細は第8章および第13章でなされるため，決算整理事項はないものとする。

　精算表は，決算の全体像を見ることができるため多くの場合に作成されるが，厳密には正式な決算手続きではない。通常の精算表には，（残高）試算表欄・修正記入欄・損益計算書欄・貸借対照表欄があり，各欄それぞれが借方・貸方を備えているので，これを**8桁精算表**（第13章で詳説される）という。修正記入欄は決算整理事項がある場合に利用されるため，それがない本節の例題では，（残高）試算表欄・損益計算書欄・貸借対照表欄からなる**6桁精算表**となる。

6桁精算表の作成手順を示せば，次のようになる。
① 総勘定元帳に設定された各勘定の残高を，残高試算表欄に記入する。
② 資産・負債・資本に属する各勘定の金額を，貸借対照表欄に移記する。資産は借方に，負債と資本は貸方に記入する点に注意する。
③ 収益・費用に属する各勘定の金額を，損益計算書欄に移記する。収益は貸方に，費用は借方に記入する点に注意する。
④ 損益計算書欄・貸借対照表欄の貸借差額は，当期純利益（または当期純損失）であり，合計金額の少ない方に記入する。記帳・計算が正確になされていれば，損益計算書欄と貸借対照表欄の差額は，貸借反対で一致することとなる。

例題の総勘定元帳から6桁精算表を作成すれば，以下のようになる。勘定科目欄の当期純利益と損益計算書欄の当期純利益の金額（網掛け部分）は，朱書きする。

精 算 表

勘定科目	試算表		損益計算書		貸借対照表	
	借方	貸方	借方	貸方	借方	貸方
現　　　金	7,650				7,650	
売　掛　金	900				900	
商　　　品	1,000				1,000	
備　　　品	3,000				3,000	
買　掛　金		2,000				2,000
資　本　金		10,000				10,000
商品売買益		800		800		
消耗品費	50		50			
支払家賃	200		200			
当期純利益			550			550
	12,800	12,800	800	800	12,550	12,550

精算表の構造を示せば，次ページのようになる。貸借の金額が一致している精算表を分割することで損益計算書と貸借対照表になるのであるから，差額である当期純利益も一致することとなる。特に太線で示されているところを注意

しながら，数字ではなく図解でイメージすることが重要である。

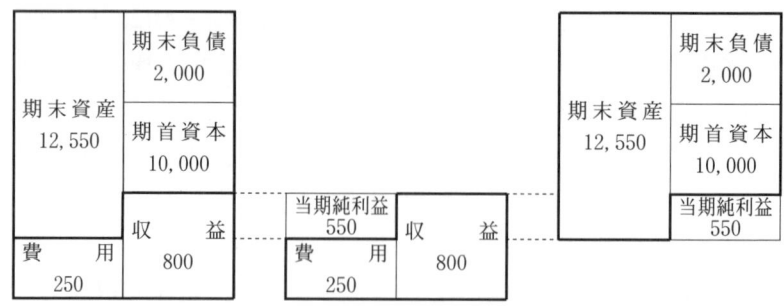

(3) 決算本手続き

決算本手続きとは，総勘定元帳や仕訳帳を締め切り，繰越試算表を作成する一連の過程である。総勘定元帳の締切りがもっとも重要であるが，帳簿を締め切ることを特に**帳簿決算**という。決算本手続きは，以下の手順で行われる。

① 収益・費用の勘定残高を損益勘定に振り替える。
② 損益勘定の差額を資本金勘定に振り替える。
③ 資産・負債・資本の各勘定を締め切る。
④ 仕訳帳を締め切る。
⑤ 繰越試算表を作成する。

まず，損益勘定を総勘定元帳に設定し，収益・費用に属するすべての勘定残高を振り替える。例題に従って仕訳と総勘定元帳への転記を示せば，下図のようになる。

① （借）商 品 売 買 益　800　（貸）損　　　　益　800
② （借）損　　　　益　 50　（貸）消 耗 品 費　 50
③ （借）損　　　　益　200　（貸）支 払 家 賃　200

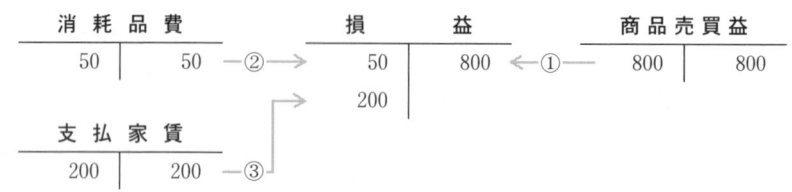

第2章　簿記一巡の手続き

　上記の仕訳は，企業活動上の取引を処理したものではなく，収益・費用の残高を損益勘定に振り替えることを意図している。決算時に行われるこの仕訳を**決算振替仕訳**という。

　損益勘定の貸借差額は当期純利益（または当期純損失）を表示している。当期純利益であれば資本は増加し，当期純損失であれば資本は減少する。例題では¥550の当期純利益が算出され（収益¥800－費用¥250），資本金勘定に振り替えられる。

　　　（借）損　　　　益　550　　（貸）資　本　金　550

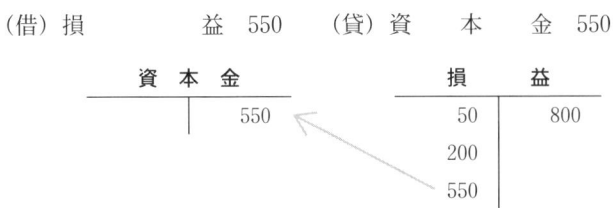

　収益・費用の勘定残高を損益勘定に振り替え，損益勘定の差額を資本金勘定に振り替えることで，収益・費用の各勘定と損益勘定は貸借が一致することとなる。

　資産・負債・資本の各勘定を締め切る方法には，**英米式決算法**と**大陸式決算法**がある。本節では英米式決算法を説明するが，その特徴は総勘定元帳上の勘定を直接締め切ることにある。例題における現金勘定の締切りは，下図のようになる。現金などの資産勘定は借方残高となるので，貸方に決算日の日付で次期繰越として記入する。続いて，次会計年度期首の日付で，借方に前期繰越として**開始記入**を行う。負債・資本勘定に関しては，次期繰越・前期繰越の記入が貸借反対となる。

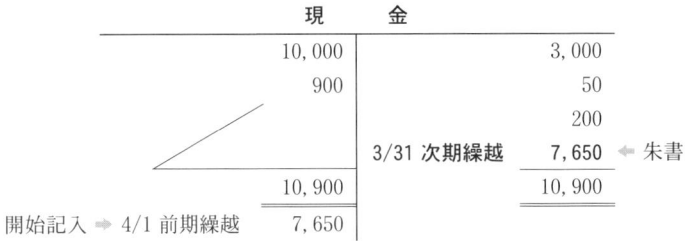

17

一会計期間の取引がすべて記入されている仕訳帳は，貸借の合計金額が算出され（例題では¥17,950），締め切られる。

次に，総勘定元帳上で締め切られた各勘定の次期繰越高を集計して**繰越試算表**を作成する。英米式決算法を採用している場合は，総勘定元帳上で各勘定を締め切るため，繰越試算表を利用することによって次期繰越記入の正確性を検証するのである。例題の総勘定元帳から繰越試算表を作成すれば，以下のようになる。

繰 越 試 算 表

借　　方	勘 定 科 目	貸　　方
7,650	現　　　　金	
900	売　掛　金	
1,000	商　　　　品	
3,000	備　　　　品	
	買　掛　金	2,000
	資　本　金	10,550
12,550		12,550

繰越試算表の勘定科目は，資産・負債・資本勘定で構成されているが，これはいわゆる貸借対照表項目である。つまり，資産・負債・資本勘定は**実在勘定**であるため，次期への繰越処理が必要となるのである。これに対して，収益・費用勘定は**名目勘定**であるため，損益勘定を通じて最終的には資本金勘定に吸収されてしまう。したがって，収益・費用勘定に関しては，繰越処理を必要としないのである。

(4) 財務諸表の作成

最後に，損益計算書と貸借対照表が作成される。損益計算書は，損益勘定の記入内容を中心として作成され，貸借対照表は繰越試算表の記入内容を中心として作成される。例題の損益勘定および繰越試算表から損益計算書と貸借対照表を作成すれば，次ページのようになる。

損 益 計 算 書

費　　　用	金　額	収　　　益	金　額
消 耗 品 費	50	商品売買益	800
支 払 家 賃	200		
当 期 純 利 益	550		
	800		800

貸 借 対 照 表

資　　　産	金　額	負債・資本	金　額
現　　　　金	7,650	買　掛　金	2,000
売　掛　金	900	資　本　金	10,000
商　　　　品	1,000	当期純利益	550
備　　　　品	3,000		
	12,550		12,550

第 3 章
現 金 預 金

1 ■現　　　金

(1) 現　　　金

簿記上，**現金**として処理されるものには，一般の紙幣・硬貨だけでなく，受け取ったらすぐに現金に換えられる次のような通貨代用証券が含まれる。

- 他人振出しの小切手
- 送金小切手
- 送金為替手形
- 郵便為替証書
- 株式配当金領収書
- 支払期限の到来した公債・社債の利札

現金の収入および支出を記録するために，現金勘定が設定され，現金を受け取ったときは借方に，支払ったときは貸方に記入される。したがって，現金勘定の残高は，つねに借方に生じ，現金の手許有高を意味することになる。

図表3－1　現金勘定

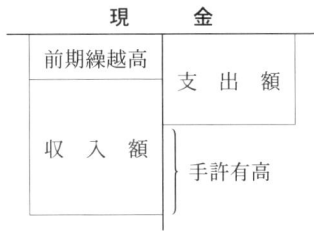

> **例題 3−1**
> 次の取引の仕訳を示しなさい。
> 　浜田商店は，松本商店に商品を売り渡し，代金 ¥20,000 は同店振出しの小切手で受け取った。

解　答

　　（借）現　　　　金　20,000　　（貸）売　　　　上　20,000

解　説

　他人振出しの小切手を受け取ったときは，現金勘定の借方に記入する。

(2) **現金出納帳**

　現金を受け取った，あるいは支払ったときは，まず仕訳帳に記入され，その後，総勘定元帳に設定された現金勘定に転記される。さらにこの現金の収支は，これら主要簿のほか，その明細を記録するために設けられた**現金出納帳**という補助簿（補助記入帳）にも記入される。

　この現金出納帳と，現金勘定の残高とを照らし合わせることによって，記録の誤りを発見できる。

図表 3−2　現金出納帳

現 金 出 納 帳

平成〇年		摘　　要	収　入	支　出	残　高
5	1	前月繰越	100,000		100,000
	7	松本商店から売上代金受取り	20,000		120,000
	21	通信費支払い		10,000	110,000
	31	**次月繰越**		110,000	
			120,000	120,000	
6	1	前月繰越	110,000		110,000

(3) **現金過不足**

　現金勘定および現金出納帳の借方残高は，帳簿上の現金の手許有高（帳簿残高）

を示しているが，実際の現金の手許有高（実際有高）と照合すると，しばしば記録計算の誤り，記帳漏れ，現金の紛失・盗難などの理由で，一致しないことがある。現金の実際有高よりも帳簿残高の方が多い場合は，現金勘定を減少させる必要が生じ，現金の実際有高よりも帳簿残高の方が少ない場合は，現金勘定を増加させる必要が生じる。つまり，現金勘定を増減させることによって現金の実際有高にあわせていく。

図表3－3　現金過不足の処理

| 現金 ＜ 現金勘定残高 → 現金勘定を減少させる |
| 現金 ＞ 現金勘定残高 → 現金勘定を増加させる |

いずれの場合も，すぐに原因が判明しないときは，とりあえず現金過不足勘定が設定される。①実際の現金の手許有高が，現金勘定残高よりも少ない場合は，差額をこの現金過不足勘定の借方に記入し，現金勘定残高よりも多い場合は，差額を現金過不足勘定の貸方に記入する。②しばらくして原因が判明したときは，判明した金額だけの現金過不足勘定を該当する勘定（水道光熱費や交通費など）に振り替える。③また，現金過不足の原因を調査しても，なお，決算日までに原因が判明しないときは，現金過不足勘定が借方残高である場合は，その残高を**雑損勘定**の借方に，貸方残高である場合は，その残高を**雑益勘定**の貸方に振り替える。たとえば，現金の実際有高が帳簿残高より少ない場合は，以下のような仕訳となる。

① 現金過不足発生時

　　（借）現 金 過 不 足　×××　（貸）現　　　　　金　×××

② 現金過不足判明時

　　（借）○　　○　　費　×××　（貸）現 金 過 不 足　×××

③ 決　算　時

　　（借）雑　　　　　損　×××　（貸）現 金 過 不 足　×××

図表3-4 現金勘定と現金過不足勘定，雑損勘定
（現金が帳簿残高より少ない場合）

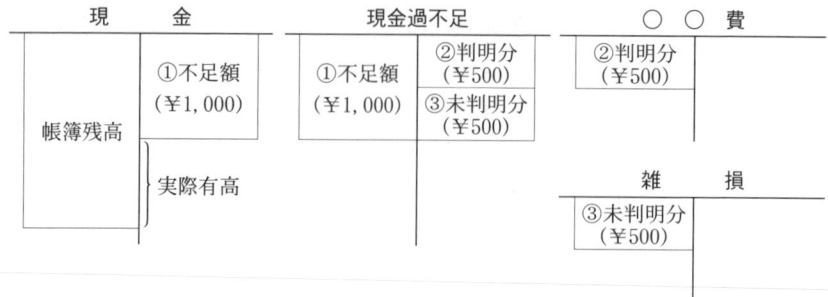

なお決算日に過不足が発生した場合は，現金過不足勘定を使用しないで，直接，該当する勘定または雑損勘定・雑益勘定に振り替える。

例題3-2

次の取引の仕訳を示しなさい。
① 現金の手許有高を調査したところ，帳簿残高よりも¥1,000不足していた。
② 翌日，上記の現金不足額のうち，¥100については通信費（すでに支払済み）の記帳漏れが原因であることが判明した。
③ 決算にあたり，現金不足額のうち¥900は原因がわからないので，雑損として処理した。

解答

① （借）現 金 過 不 足　1,000　（貸）現　　　　　金　1,000
② （借）通　信　費　　　　100　（貸）現 金 過 不 足　　100
③ （借）雑　　　損　　　　900　（貸）現 金 過 不 足　　900

解説

① 不足額を現金勘定から現金過不足勘定の借方へ振り替える。
② 原因が判明した¥100を現金過不足勘定から通信費勘定の借方へ振り替える。
③ 決算になっても原因が判明しなかった¥900を，現金過不足勘定から雑損勘定の借方へ振り替える。

2 預　　金

(1) 当座預金

簿記上，預金には，当座預金，普通預金，別段預金，定期預金，定額預金，郵便貯金といったものが含まれる。

上記の預金の中でも重要なのは，**当座預金**である。当座預金は，普通預金とは異なり，無利息で，通常その引出しには**小切手**が用いられる。当座預金が開設されると，受け取った現金や小切手，手形などは当座預金に預け入れられ，現金の支払いには小切手が振り出される。こうすることで会社は，現金に関する業務を銀行に代行させることになり，現金の受取りまたは支払いにともなう不正や誤りを防止することができる。また同時に，多額の現金を手許に保管しなくて済むことから，盗難という危険も回避できる。

図表3－5 小 切 手

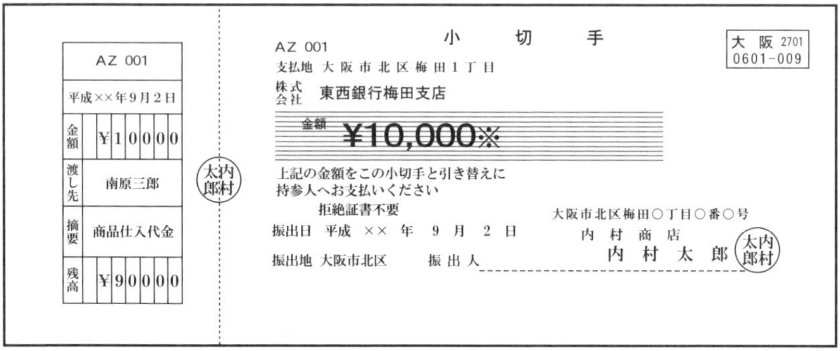
AZ 001
平成××年9月2日
金額 ¥10000
渡し先 南原三郎
摘要 商品仕入代金
残高 ¥90000
太内郎村

AZ 001　小　切　手　大阪 2701 0601-009
支払地 大阪市北区梅田1丁目
株式会社 東西銀行梅田支店
金額 ¥10,000※
上記の金額をこの小切手と引き替えに
持参人へお支払いください
拒絶証書不要
振出日 平成 ×× 年 9 月 2 日
振出地 大阪市北区
大阪市北区梅田○丁目○番○号
内村商店
振出人 内村太郎 太内郎村

当座預金の預入れまたは引出しの記録には，**当座預金勘定**が設定される。当座預金口座に，受け取った現金や他人振出しの小切手，手形などを預け入れたときは当座預金勘定の借方に記入し，小切手を振り出したときは貸方に記入する。

なお，他人振出しの小切手を受け取ったときは，現金勘定の借方に記入する。ただし，これをただちに預け入れたときは，当座預金勘定の借方に記入するこ

とになる。これらの仕訳は，以下のようになる。

① 小切手振出し
　　(借) ○　○　○　×××　(貸) 当　座　預　金　×××
② 小切手受入れ
　　(借) 現　　　　金　×××　(貸) ○　○　○　×××
③ ただちに預入れ
　　(借) 当　座　預　金　×××　(貸) ○　○　○　×××

図表3－6　当座預金勘定

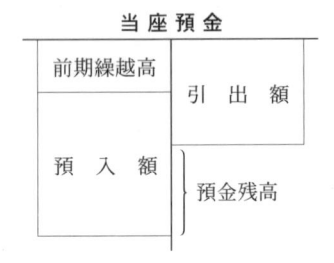

```
          当 座 預 金
┌─────────┬─────────┐
│ 前期繰越高 │         │
│         │ 引 出 額 │
│         ├─────────┤
│ 預 入 額 │         │
│         │ 預金残高 │
└─────────┴─────────┘
```

　普通預金，定期預金，郵便貯金の預入れまたは引出しの記録には，原則として，それぞれの預貯金の名称を付した勘定が設定される。ただし，これらの預貯金はまとめて銀行預金勘定で処理されることもある。

例題3－3

次の取引の仕訳を示しなさい。
　内村商店は，南原商店から商品￥10,000を仕入れ，代金は小切手を振り出して支払った。

解　答

　　(借) 仕　　　　入　10,000　(貸) 当　座　預　金　10,000

解　説

　小切手を振り出したときは当座預金勘定の貸方に記入する。

第3章　現金預金

(2) 当座預金出納帳

当座預金の預入れまたは引出しは，主要簿である仕訳帳と総勘定元帳の中の当座預金勘定に記入されるとともに，その明細を記録しておくため，取引銀行別に補助簿（補助記入帳）の**当座預金出納帳**にも記入される。

図表3－7　当座預金出納帳

当座預金出納帳

平成○年		摘　要	預　入	引　出	借または貸	残　高
6	1	前月繰越	20,000		借	20,000
	8	松嶋商店へ仕入代金支払い＃001		100,000	貸	80,000
	22	中島商店の売上代金受取り	200,000		借	120,000
	30	**次月繰越**		120,000		
			220,000	220,000		
7	1	前月繰越	120,000		借	120,000

(3) 当座借越

小切手を振り出しても，銀行では当座預金の残高以上の支払いはしない。しかし会社は，一定の担保を銀行に提供し，当座預金の残高を超える一定の限度内の支払いを契約することで，当座預金の残高を超えて小切手を振り出すことができる。これを**当座借越契約**という。

この契約上で，当座預金残高を超えて小切手を振り出した場合は，**当座借越勘定**が設定され，当座預金残高を超えた部分は，当座借越勘定の貸方に記入される（2勘定法）。その後，当座預金口座に預入れが行われたときは，まず当座借越の返済に充てられると仮定して，当座借越勘定の残高がなくなるまで当座借越勘定の借方に記入される。図表3－7の6月22日の取引がこの状況に該当することになる。

図表3－8　当座借越勘定

当座借越

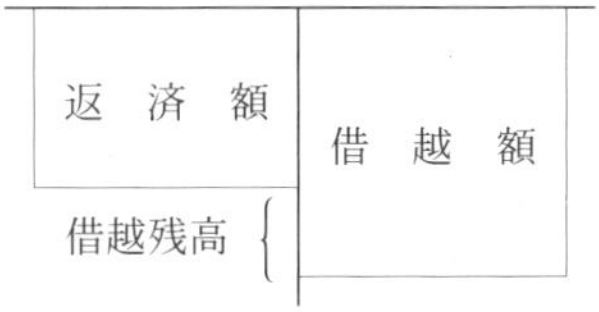

返済額	借越額
借越残高	

例題 3－4

次の取引の仕訳を示しなさい。
① 岡村商店は，矢部商店から商品¥100,000 を仕入れ，代金は小切手を振り出して支払った。ただし，当座預金残高は¥20,000 で，当座借越契約による借越限度額は¥200,000 である。
② 島田商店は，森田商店に商品を売り渡し，代金¥200,000 は同店振出しの小切手で受け取り，ただちに当座預金に預け入れた。ただし当座借越が¥80,000 ある。

解答

① (借)仕　　　　入　100,000　(貸)当　座　預　金　 20,000
　　　　　　　　　　　　　　　　　当　座　借　越　 80,000
② (借)当　座　借　越　 80,000　(貸)売　　　　上　200,000
　　　当　座　預　金　120,000

解説

① 当座預金残高が¥20,000 しかないので，残額は当座借越勘定の貸方に記入する。
② 当座借越勘定残高が¥80,000 あるので，預け入れた金額のうち¥80,000 はまず借越の返済に充てられる。

(4) 当　　座

当座預金・当座借越勘定の代わりに**当座勘定**が利用される場合もある（1 勘定法）。当座勘定が設定された場合は，当座借越であるか否かにかかわらず，預入れは当座勘定の借方に記入され，引出しは当座勘定の貸方に記入される。したがって当座勘定の残高は，借方残高のときは当座預金を，貸方残高のときは当座借越を示すことになる。

第3章 現金預金

図表3－9　当座勘定

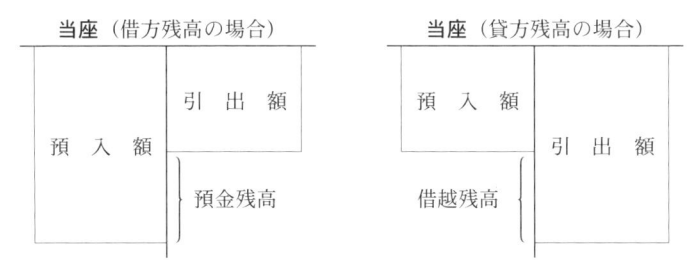

当座（借方残高の場合）

預入額	引出額
	預金残高

当座（貸方残高の場合）

預入額	引出額
借越残高	

例題3－5

例題3－4を，当座預金・当座借越勘定の代わりに，当座勘定を使って仕訳しなさい。

解答

① （借）仕　　　　入　100,000　（貸）当　　　　座　100,000
② （借）当　　　　座　200,000　（貸）売　　　　上　200,000

解説

① 預金から引き出されたときは，当座勘定の貸方に記入する。
② 預金に預け入れられたときは，当座勘定の借方に記入する。

3 ■小 口 現 金

(1) 小 口 現 金

　会社は，現金の受取りまたは支払いの間違いや不正，あるいは盗難などの危険を回避するために，多額の現金についてなるべく手許で保管せず当座預金等に預け入れ，現金の支払いのときは小切手によることが多い。

　しかし，タクシー代などの交通費や電話代などの通信費という少額の支払いについては，そのつど小切手を振り出すことは煩わしい。そこで会社は，このような少額の支払いのために，あらかじめ手許に一定の現金を用意しておく。この現金を**小口現金**という。

小口現金を処理するために，小口現金勘定が設定される。小口現金の増加は借方に，減少は貸方に記入される。

(2) 定額資金前渡制度（インプレスト・システム）

小口現金の補給には，そのつど補給金額を決定する随時補給制度と，あらかじめ一定金額を支給し，支払報告を受けた金額だけを補給する**定額資金前渡制度**がある。

定額資金前渡制度のもとでの会計係の処理は次の3段階に分かれ，各段階で仕訳が必要となる。①会計係はまず一定期間の予定額を見積もり，それを用度係（小口現金係）に前渡ししておく。そして用度係はこれによって支払いを行い，1週間後または1ヵ月後の一定の日に，②会計係は支払明細の報告を受ける。用度係から実際の支払額の報告を受けた会計係は，③ただちにその支払額と同額を小切手で補給することになる。

これにより，決められた一定期間の最初には，つねに一定の資金が用度係の手許に保管されることになる。会計係の各段階での仕訳は，以下のようになる。

① 資金の前渡し

　　（借）小　口　現　金　×××　（貸）当　座　預　金　×××

② 用度係からの報告

　　（借）○　　○　　費　×××　（貸）小　口　現　金　×××

③ 資金の補給

　　（借）小　口　現　金　×××　（貸）当　座　預　金　×××

図表3－10　小口現金勘定

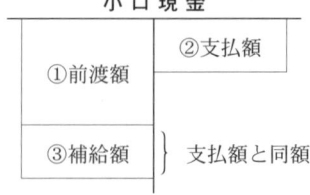

```
        小 口 現 金
   ┌──────────┬──────────┐
   │          │ ②支払額   │
   │ ①前渡額  ├──────────┤
   │          │           │
   ├──────────┤           │
   │ ③補給額  │           │
   └──────────┘
```
　　　　　　　　　｝支払額と同額

(3) 小口現金出納帳

会計係から資金を前渡しされた用度係は，小口現金の補給と支払いの明細を，**小口現金出納帳**に記入する。小口現金出納帳には収支金額欄のほかに支払内訳欄が設けられる。用度係は支出のつど記入し，会計係に報告し，それによって補給を受けることになる。

図表3－11　小口現金出納帳

小口現金出納帳

受入	平成○年		摘　要	支　払	内　訳				残高
					交通費	通信費	消耗品費	雑　費	
10,000	5	1	小切手受入れ						10,000
		3	タクシー代	1,000	1,000				9,000
		5	電話代	2,000		2,000			7,000
		6	文具代	3,000			3,000		4,000
		7	菓子代	3,000				3,000	1,000
			合計	9,000	1,000	2,000	3,000	3,000	
9,000			小切手受入れ						10,000
		31	次月繰越	10,000					
19,000				19,000					
10,000	6	1	前月繰越						10,000

例題3－6

次の取引の仕訳を示しなさい。
① 定額資金前渡制度を採用することになり，会計係は，用度係に1週間の小口現金として小切手￥10,000を振り出して前渡しした。
② 週末に，会計係は，用度係から，小口現金出納帳にもとづいて作成された小口現金支払報告書（交通費￥1,000　通信費￥2,000　消耗品費￥3,000　雑費￥3,000）を受け取った。
③ 上記と同額の小切手を振り出して，小口現金を補給した。

解答

① （借）小 口 現 金　10,000　（貸）当 座 預 金　10,000
② （借）交　通　費　 1,000　（貸）小 口 現 金　 9,000
　　　　通　信　費　 2,000
　　　　消 耗 品 費　 3,000
　　　　雑　　　費　 3,000
③ （借）小 口 現 金　 9,000　（貸）当 座 預 金　 9,000

解説

① 資金¥10,000を前渡ししたときは，小口現金勘定の借方に記入する。
② 用度係から，小口現金支払いの報告を受けたときは，小口現金勘定の貸方に記入する。
③ 使用した資金¥9,000を補給したときは，小口現金勘定の借方に記入する。

第4章
商 品 売 買

1 ■商 品 売 買

　商品売買取引は，企業におけるもっとも重要な取引であり，その形態は非常に多岐にわたる。これらは，通常，特殊な条件をもつ商品売買取引いわゆる特殊商品売買取引とそのような条件のない一般的な商品売買取引に区分することができ，委託販売，受託販売，試用販売，割賦販売，未着品販売などは特殊商品売買の例である。しかしこれらの取引も，基本的には，一般的な商品売買取引の処理方法に従う。

　商品売買取引は，商品勘定を用いて処理する方法と商品勘定を分割して処理する方法に大別することができる。前者には，**分記法**や総記法があり，後者には，**三分法**，五分法，売上原価対立法があるが，本章では，分記法と三分法を取り上げることとする。

2 ■分 記 法

　分記法とは，商品売買取引を**商品勘定**と**商品売買益勘定**を用いて処理する方法のことである。

　まず，商品を仕入れたとき，商品の仕入原価を商品勘定の借方に記入する。そして，商品を販売したとき，商品の売上原価（販売した商品の仕入原価）を商品勘定の貸方に記入すると同時に，売上原価と売価との差額を商品売買益勘定の貸方または借方に記入するのである。たとえば，商品￥10,000を仕入れ，それを￥15,000で販売した場合，商品勘定と商品売買益勘定には，次のように記入

することとなる（図表4－1）。

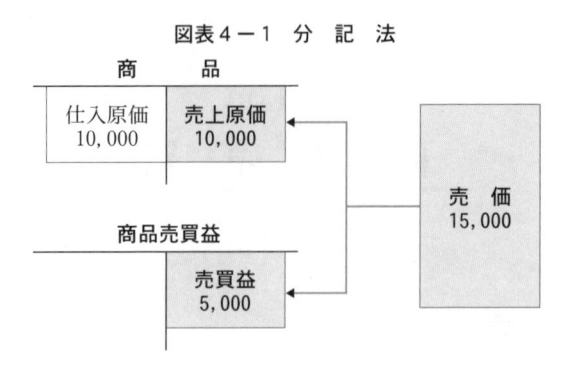

図表4－1　分　記　法

```
           商    品
    ┌─────────┬─────────┐
    │ 仕入原価 │ 売上原価 │←──┐
    │ 10,000  │ 10,000  │    │
    └─────────┴─────────┘    │  ┌─────────┐
                             ├──│ 売  価  │
           商品売買益          │  │ 15,000  │
              ┌─────────┐    │  └─────────┘
              │ 売買益  │←──┘
              │ 5,000   │
              └─────────┘
```

　このような分記法における商品勘定は，純粋な資産勘定の性質を有している。この方法によれば，商品勘定の貸借差額は，商品の手許有高を示すこととなる。

　しかし分記法では，商品を販売するたびに個々の商品の仕入原価を確定し，商品売買損益を算出しなければならないという処理上の煩雑性も有している。それゆえこの方法は，貴金属などを取り扱う企業には適しているが，多くの種類の商品を取り扱い，売買取引の回数が多い企業の場合には，多大な手数を要してしまい，適切な方法とはいえない。

3 ■三　分　法

　商品売買取引において，上述の問題を克服する方法の一つが三分法である。三分法とは，商品売買取引を**仕入勘定**（費用勘定），**売上勘定**（収益勘定），**繰越商品勘定**（資産勘定）を用いて処理する方法のことである。

(1) 仕 入 勘 定

　仕入勘定は，商品の仕入に関する取引の記録や売上原価の計算に使用する勘定である。

　商品を仕入れたとき，商品の仕入高（仕入原価）を仕入勘定の借方に記入する。なお，仕入原価には，商品の購入代価のほかに，商品の仕入にともなって発生する引取運賃や保険料などの費用（**仕入諸掛**）を含める。たとえば，商品を仕入

れ，代金は現金で支払った場合，以下のような仕訳となる。

　　（借）仕　　　　　入　×××　（貸）現　　　　　金　×××

　仕入れた商品が注文した商品と違っていたり，傷んでいたときは，仕入先に返品したり，仕入先から値引きを受けることもある。この場合は，仕入勘定の貸方に記入する。たとえば，掛で仕入れた商品を返品した場合，以下のような仕訳となる。

　　（借）買　　掛　　金　×××　（貸）仕　　　　　入　×××

　仕入勘定の借方に記入した仕入高の合計を総仕入高という。また，この総仕入高から貸方に記入した**仕入戻し高**や**仕入値引高**の合計を差し引いた残高を純仕入高という。これは借方に生じる（図表4－2）。

図表4－2　仕　入　勘　定

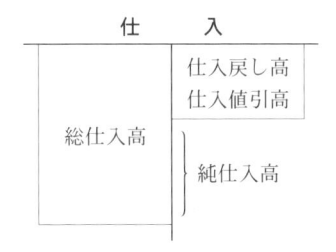

仕　　入	
総仕入高	仕入戻し高 仕入値引高
	純仕入高

例題4－1

次の取引の仕訳を示しなさい。
① 中嶋商店から商品100個（@¥200）を仕入れ，代金は掛とした。
② 鈴木商店から商品200個（@¥94）を仕入れ，代金は掛とした。なお，引取運賃¥1,200は現金で支払った。
③ 上記商品のうち，若干のキズがあり，1個あたり¥10の値引きを受け，代金は買掛金から差し引くこととした。

|解|答|

① （借）仕　　　　入　20,000　（貸）買　　掛　　金　20,000
② （借）仕　　　　入　20,000　（貸）買　　掛　　金　18,800
　　　　　　　　　　　　　　　　（貸）現　　　　　金　　1,200
③ （借）買　　掛　　金　　2,000　（貸）仕　　　　入　　2,000

|解|説|

① 商品を仕入れた場合，仕入原価を仕入勘定の借方に記入する。
② 商品の仕入にともない，引取運賃や保険料などの仕入諸掛が発生した場合，仕入原価に含める。
③ 仕入戻し高や仕入値引高は，仕入勘定の貸方に記入する。

(2) 売上勘定

売上勘定は，商品の売上に関する取引の記録を行う勘定である。

商品を販売したとき，商品の売価を売上勘定の貸方に記入する。なお，商品を販売したさいに要した発送費や荷造費などは，売上勘定には関係させず，**発送費勘定**（費用勘定）を設定し，その借方に記入する。ただし，買い手の負担で売り手が立替払いした場合は，売掛金に加えて，買い手から回収する。たとえば，商品を販売し，代金は現金で受け取った場合，以下のような仕訳となる。

　　　　（借）現　　　　金　×××　（貸）売　　　　上　×××

販売した商品が注文を受けた商品と違っていたり，傷んでいたときは，買い手から返品を受けたり，買い手に値引きをすることもある。この場合は，売上勘定の借方に記入する。掛で販売した商品が返品された場合，以下のような仕訳となる。

　　　　（借）売　　　　上　×××　（貸）売　　掛　　金　×××

売上勘定の貸方に記入した売上高の合計を総売上高という。また，この総売

上高から借方に記入した売上戻り高や売上値引高の合計を差し引いた残高を純売上高という。これは貸方に生じる（図表4－3）。

図表4－3　売上勘定

```
         売           上
   売上戻り高  |
   売上値引高  |  総売上高
              |
      純売上高 |
```

例題4－2

次の取引の仕訳を示しなさい。
① 片山商店に商品100個（@¥200）を販売し，代金は掛とした。
② 上記商品のうち，若干のキズがあり，1個あたり¥10の値引きをした。代金は売掛金から差し引くこととした。
③ 中野商店に商品200個（@¥100）を販売し，代金は掛とした。なお，発送費¥1,200は現金で支払った。

解答

① （借）売　掛　金　20,000　　（貸）売　　　　上　20,000
② （借）売　　　　上　 1,000　　（貸）売　掛　金　 1,000
③ （借）売　掛　金　20,000　　（貸）売　　　　上　20,000
　　　　発　送　費　 1,200　　　　　現　　　　金　 1,200

解説

① 商品を販売した場合，商品の売価を売上勘定の貸方に記入する。
② 売上戻り高や売上値引高は，売上勘定の借方に記入する。
③ 商品販売時に発生した発送費や荷造費は，発送費勘定を設け，その借方に記入する。

(3) 繰越商品勘定

繰越商品勘定は，決算のときに，期末商品有高を記入する勘定である。期中に記入は行わない。

繰越商品勘定には，前期から当期へ繰り越した商品の有高（期首商品棚卸高）や当期から次期へ繰り越す商品の有高（期末商品棚卸高）を記入する。これは資産勘定であるため，残高は借方に生じる（図表4－4）。

図表4－4　繰越商品勘定

繰　越　商　品

前期繰越高	

4 ■仕　入　帳

仕入帳は，商品の仕入に関する取引の明細をその発生順に記録する補助簿（補助記入帳）である。仕入帳の形式は，以下のとおりである（図表4－5）。仕入帳の総仕入高は，総勘定元帳における仕入勘定の借方合計額と一致する。また，純仕入高は，仕入勘定の借方残高と一致することとなる。

図表4－5　仕　入　帳

仕　入　帳

平成〇年		摘　　　要	内　訳	金　額
4	2	片山商店　　　　　　　　　掛 　A商品　　100個　　@￥200		20,000
	5	**片山商店　　　　　　　　掛値引** **　A商品　　100個　　@￥ 10**		**1,000**

【記入方法】
① 取引日を記入する。
② 摘要欄には，仕入先名，支払条件，品名，数量，単価を記入する。
③ 仕入先に返品したり，仕入先から値引きを受けた場合，朱書きする。

例題4－3

次の取引を仕入帳に記入しなさい。

7月2日　佐藤商店から次の商品を仕入れ，代金は掛とした。
　　　　A商品　200個　＠￥100　￥20,000
　　　　B商品　200個　＠￥200　￥40,000
7月4日　上記商品のうち，B商品に若干の色違いがあり，1個あたり￥20の値引きを受けた。
7月9日　中嶋商店から次の商品を仕入れ，代金は小切手を振り出して支払った。
　　　　C商品　200個　＠￥150　￥30,000
　　　　なお，引取運賃￥2,000は現金で支払った。

解答

仕　入　帳

平成〇年		摘　　要		内　訳	金　額
7	2	佐藤商店	掛		
		A商品　200個　＠￥100		20,000	
		B商品　200個　＠￥200		40,000	60,000
	4	**佐藤商店**	**掛値引**		
		B商品　200個　＠￥20			4,000
	9	中嶋商店	小切手払い		
		C商品　200個　＠￥150		30,000	
		上記引取費	現金払い	2,000	32,000
	31		総仕入高		92,000
	〃		**仕入戻し・値引高**		4,000
			純仕入高		88,000

解説

7月 2日　商品が2種類以上の場合，内訳金額を記入する。1種類の場合であれば，内訳欄には記入せず，金額欄に直接記入する。

7月 9日　引取運賃等の仕入諸掛も仕入帳に記入する。

7月31日　一定期間ごとに，総仕入高を算出し，仕入戻し高および仕入値引

高を差し引き，純仕入高を計算する。

5 ■売 上 帳

売上帳は，商品の販売に関する取引の明細をその発生順に記録する補助簿である。売上帳の形式は，以下のとおりである（図表4－6）。売上帳の総売上高は，総勘定元帳における売上勘定の貸方合計額と一致する。また，純売上高は，売上勘定の貸方残高と一致することとなる。

図表4－6 売 上 帳

売 上 帳

平成○年		摘　　要			内　訳	金　額
4	2	佐藤商店		掛		
		A商品	100個	@¥200		20,000
	5	佐藤商店		掛値引		
		A商品	100個	@¥ 10		1,000

【記入方法】
① 取引日を記入する。
② 摘要欄には，販売先名，回収条件，品名，数量，単価を記入する。
③ 販売先から返品を受けたり，販売先に対して値引きを行った場合，朱書きする。

例題4－4

次の取引を売上帳に記入しなさい。
　7月2日　鈴木商店に次の商品を販売し，代金は掛とした。
　　　　　A商品　200個　@¥100　¥20,000
　　　　　B商品　200個　@¥200　¥40,000
　7月4日　上記商品のうち，B商品に若干の色違いがあり，1個あたり¥20の値引きをした。
　7月9日　片山商店に次の商品を販売し，代金は小切手で受け取った。
　　　　　C商品　200個　@¥150　¥30,000

解答

売　上　帳

平成〇年		摘　　　要			内　訳	金　額
7	2	鈴木商店		掛		
		A商品	200個	@￥100	20,000	
		B商品	200個	@￥200	40,000	60,000
	4	鈴木商店		掛値引		
		B商品	200個	@￥ 20		4,000
	9	片山商店		小切手		
		C商品	200個	@￥150		30,000
	31			総売上高		90,000
	〃			売上戻り・値引高		4,000
				純売上高		86,000

解説

7月 2日　商品が2種類以上の場合，内訳金額を記入する。1種類の場合であれば，内訳欄には記入せず，金額欄に直接記入する。
7月 4日　売上戻りや売上値引がある場合，朱書きする。
7月31日　一定期間ごとに，総売上高を算出し，売上戻り高および売上値引高を差し引き，純売上高を計算する。ただし，発送費は記入しない。

6 ■商品有高帳

商品有高帳は，商品の受入れ，払出しおよび残高の明細を記録する補助簿である。これは商品元帳とも称され，商品の現在有高を明確にするとともに，商品の在庫管理にも役立つ。商品有高帳の形式は，以下のとおりである（図表4－7）。受入欄，払出欄，残高欄には，数量，単価，金額を記入する。なお，単価および金額は，仕入原価で記入する。また，仕入戻しは払出欄に記入する。仕入値引きは，払出欄に値引額のみ記入し，残高欄には，修正した単価および金額を記入する。売上戻りは受入欄に当該商品の払出単価で記入する。ただし，売上値引きは商品有高帳に記入しない。

図表4－7　商品有高帳

商 品 有 高 帳

(品　名)　　　　　　　　　　　　　　(単位：個)

平成 ○年		摘　要	受　入			払　出			残　高		
			数量	単価	金額	数量	単価	金額	数量	単価	金額
×	×	前月繰越	××	××	×××				××	××	×××
	×	仕　　入	××	××	×××				××	××	×××
	×	売　　上				××	××	×××			
	×	次月繰越				××	××	×××			
			××		×××	××		×××			
	×	前月繰越	××	××	×××				××	××	×××

ただし，同一種類の商品であっても仕入単価が異なる場合は，払出単価を決定しなければならない。この方法として，**先入先出法**，後入先出法（そのつど後入先出法，月別後入先出法，期別後入先出法），**移動平均法**，総平均法があるが，ここでは，先入先出法と移動平均法を取り扱うこととする。

(1) **先入先出法**

先入先出法は，先に受け入れた商品から先に販売すると仮定し，払出単価を決定する方法である。これは**買入順法**とも称され，期末商品は最新の仕入単価で評価されることとなる。

例題4－5

次の資料によって，先入先出法による商品有高帳の記入を行いないさい。
7月 1日　前月繰越　200個　@￥100　￥20,000
7月 5日　仕　　入　100個　@￥200　￥20,000
7月10日　売　　上　250個　@￥250　￥62,500
7月15日　仕　　入　100個　@￥100　￥10,000
7月20日　売　　上　100個　@￥250　￥25,000

第4章　商品売買

解　答

商 品 有 高 帳
(D商品)
(単位：個)

平成〇年		摘　要	受入			払出			残高		
			数量	単価	金額	数量	単価	金額	数量	単価	金額
7	1	前月繰越	200	100	20,000				200	100	20,000
	5	仕　入	100	200	20,000				{ 200	100	20,000
									100	200	20,000
	10	売　上				{ 200	100	20,000			
						50	200	10,000	50	200	10,000
	15	仕　入	100	100	10,000				{ 50	200	10,000
									100	100	10,000
	20	売　上				{ 50	200	10,000			
						50	100	5,000	50	100	5,000
	31	次月繰越				50	100	5,000			
			400		50,000	400		50,000			
8	1	前月繰越	50	100	5,000				50	100	5,000

解　説

7月 5日　先入先出法による商品有高帳の記入の場合，同一種類の商品であっても，単価が異なる場合にはそれぞれ上下に併記し，"{"(カッコ) で括る。

7月10日　払出しもすべて原価で記入する。払出欄の合計は当該商品の売上原価であり，残高欄は商品の現在有高を示す。

7月31日　締め切る場合，払出しもすべて原価で記入する。払出欄の合計は当該商品の売上原価であり，残高欄は商品の現在有高を示す。

(2) 移動平均法

移動平均法とは，仕入のつど，残高欄の金額と受入金額を合計し，その合計額を残高数量と受入数量の合計数量で除して，平均単価を計算し，これを払出単価とする方法である。移動平均法による商品有高帳の形式は，以下のとおりである。

例題4−6

次の資料によって，移動平均法による商品有高帳の記入を行いなさい。

7月 1日	前月繰越	200個	@¥100	¥20,000
7月 5日	仕　入	100個	@¥250	¥25,000
7月10日	売　上	250個	@¥300	¥75,000
7月15日	仕　入	100個	@¥150	¥15,000
7月20日	売　上	100個	@¥280	¥28,000

解答

商品有高帳
（E商品）
（単位：個）

平成○年		摘　要	受　入			払　出			残　高		
			数量	単価	金額	数量	単価	金額	数量	単価	金額
7	1	前月繰越	200	100	20,000				200	100	20,000
	5	仕　入	100	250	25,000				300	150	45,000
	10	売　上				250	150	37,500	50	150	7,500
	15	仕　入	100	150	15,000				150	150	22,500
	20	売　上				100	150	15,000	50	150	7,500
	31	次月繰越				50	150	7,500			
			400		60,000	400		60,000			
8	1	前月繰越	50	150	7,500				50	150	7,500

解説

7月 5日　移動平均法による商品有高帳の記入の場合，単価が異なるときには，残高金額に仕入金額を加えた金額を残高数量に仕入数量を加えた金額で除した平均単価を用いる。

7月10日　払出しもすべて原価で記入する。払出欄の合計は当該商品の売上原価であり，残高欄は商品の現在有高を示す。

7月31日　締め切る場合，払出しもすべて原価で記入する。払出欄の合計は当該商品の売上原価であり，残高欄は商品の現在有高を示す。

7 ■商品売買損益

　商品売買取引を三分法で処理した場合，商品売買損益を算出するためには，売上原価の計算を行わなければならない。売上原価および商品売買損益の計算方法は，以下のとおりである。

　　売上原価 ＝ 期首商品棚卸高 ＋ 当期商品仕入高 － 期末商品棚卸高

　　商品売買損益 ＝ 売上高 － 売上原価

例題 4 － 7

次の資料によって，①先入先出法による商品有高帳の記入を行いなさい。また，②売上原価および③商品売買損益を計算しなさい。
　7月 1日　前月繰越　100個　＠¥150　¥15,000
　7月 5日　仕　　入　200個　＠¥100　¥20,000
　7月10日　売　　上　250個　＠¥200　¥50,000

解　答

① 商品有高帳の記入

商　品　有　高　帳

（F商品）　　　　　　　　　　　　　　　　　　　　（単位：個）

平成 ○年		摘　要	受　　入			払　　出			残　　高		
			数量	単価	金額	数量	単価	金額	数量	単価	金額
7	1	前月繰越	100	150	15,000				100	150	15,000
	5	仕　　入	200	100	20,000				{ 100	150	15,000
									200	100	20,000
	10	売　　上				{ 100	150	15,000			
						150	100	15,000	50	100	5,000
	31	次月繰越				50	100	5,000			
			300		35,000	300		35,000			
8	1	前月繰越	50	100	5,000				50	100	5,000

② 売上原価の計算

　　売上原価 ＝ ¥15,000 ＋ ¥20,000 － ¥5,000

　　　　　　＝ ¥30,000

③ 商品売買損益の計算

　　商品売買損益 ＝ ¥50,000 － ¥30,000

　　　　　　　　＝ ¥20,000

解説

　なお，商品売買損益の計算を総勘定元帳において行う場合，一般には，仕入勘定で行うことになる。まず，売上原価の計算を行うために，前月繰越（期首商品棚卸高）¥15,000を仕入勘定へ振り替え，次月繰越（期末商品棚卸高）¥5,000を仕入勘定から繰越商品勘定へ振り替える。次に，売上高を損益勘定へ振り替える。そして，仕入勘定の差額である売上原価を損益勘定へ振り替えるのである（図表4－8）。

図表4－8　商品売買損益の計算

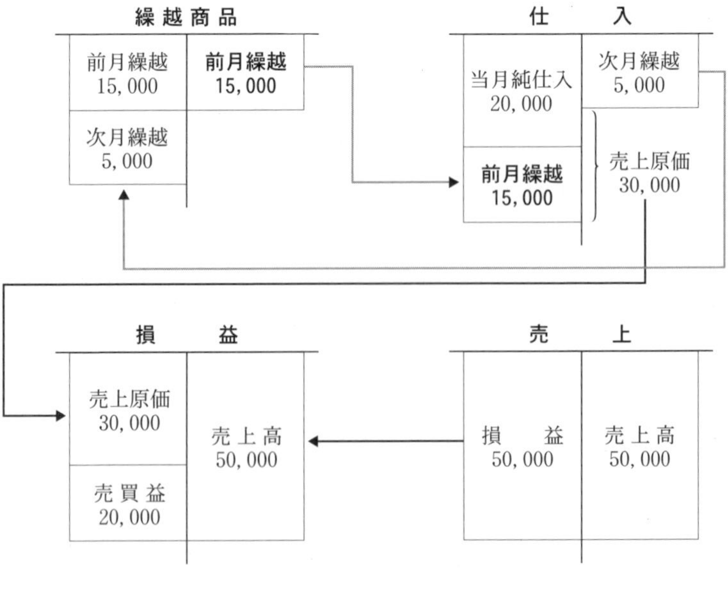

繰越商品	
前月繰越 15,000	前月繰越 15,000
次月繰越 5,000	

仕　　入	
当月純仕入 20,000	次月繰越 5,000
前月繰越 15,000	売上原価 30,000

損　　益	
売上原価 30,000	売上高 50,000
売買益 20,000	

売　　上	
損　益 50,000	売上高 50,000

第5章
債 権 債 務

1 ■概　　要

　今日，信用制度の発達にともない，商品売買は，代金の決済を一定期日後に行う信用取引が行われている。信用取引では，商品売買だけでなく，金銭の貸借も行われ，このような取引にもとづいて発生する債権債務は，その発生原因によってそれぞれの勘定に区別される（図表5－1）。

図表5－1　債権・債務の勘定

債権の勘定（資産）		債務の勘定（負債）	
売 掛 金	商品売買取引による代金の未収額	買 掛 金	商品売買取引による代金の未払額
受 取 手 形	商品売買取引による手形代金の未収額	支 払 手 形	商品売買取引による手形代金の未払額
未 収 金	商品以外の売買取引による代金の未収額	未 払 金	商品以外の売買取引による代金の未払額
貸 付 金	借用証書による金銭の貸付額	借 入 金	借用証書による金銭の借入額
得意先の人名勘定	商店別の掛代金の未収額	仕入先の人名勘定	商店別の掛代金の未払額
前 払 金	内金・手付金などの代金前払い	前 受 金	内金・手付金などの代金前受け
立 替 金	一時的な金銭の立替額	預 り 金	一時的な金銭の預り額
他店商品券	商品引換券発行の他店への代金請求権	商 品 券	商品引換券発行による将来の商品引き渡し義務
仮 払 金	一時的な未定の支出（貸方現金）の相手勘定科目	仮 受 金	一時的な未定の収入（借方現金）の相手勘定科目

債権に関する勘定では，借方に増加額を，貸方に減少額を記入し，その借方残高は，未回収の債権額を表示している。債務に関する勘定では，借方に減少額を，貸方に増加額を記入し，その貸方残高は，未払いの債務額を表示している。

2 ■売掛金・買掛金

(1) 売掛金勘定と買掛金勘定

営業の主たる目的となる商品を販売または購入した後，一定期間後に代金決済を行う約束をした取引を掛取引という。掛取引で生じる債権債務は，**売掛金勘定**と**買掛金勘定**で処理される。得意先に対して，商品を掛売りした場合の債権を**売掛金**といい，その場合，以下のような仕訳となる。

　　　（借）売　掛　金　×××　（貸）売　　　　上　×××

これに対して，仕入先から商品を掛買いした場合の債務を**買掛金**といい，その場合は，以下のような仕訳となる。

　　　（借）仕　　　入　×××　（貸）買　掛　金　×××

そして，代金が決済されたときの仕訳は，以下のような仕訳となる。

　　　（借）現　　　金　×××　（貸）売　掛　金　×××
　　　（借）買　掛　金　×××　（貸）現　　　金　×××

このように，掛売りした場合，売掛金勘定の借方には，得意先に対する売掛金の増加を記入し，貸方には，売掛金の回収額および返品，売上値引高・売上戻り高など，売掛金の減少となる項目を記入する。売掛金勘定は，資産勘定であり，その借方残高は未回収の債権額を表示している。

また，掛買いした場合，買掛金勘定の貸方には，仕入先に対する買掛金の増加を記入し，借方には，買掛金の支払額および返品，仕入値引高・仕入戻し高など，買掛金の減少となる項目を記入する。買掛金勘定は負債勘定であり，その貸方残高は未払いの債務額を表示している。

図表5-2　売掛金勘定と買掛金勘定

売　掛　金		買　掛　金	
（掛売上高） 前期繰越高 当期掛売高 　　など	（回収額） 売掛金回収高 返品 売上値引高 売上戻り高 　　など	（返済額） 買掛金の支払高 返品 仕入値引高 仕入戻し高 　　など	（掛仕入高） 前期繰越高 当期掛買高 　　など
	}未回収額	未払額{	

(2) 人名勘定

　売掛金勘定や買掛金勘定は，売掛金や買掛金の総額を表示することはできるが，取引先ごとの明細を明らかにできない。そこで，個々の得意先・仕入先ごとに，相手方の店名や氏名または商号をそのまま勘定科目として設けて，これらの勘定にそれぞれ売掛金・買掛金の発生・消滅および残高を記入するのが便利である。このような勘定を**人名勘定**と呼ぶ。人名勘定を設定した場合，売掛金発生時にこの勘定の借方に記入し，これを回収したときには貸方に記入する。買掛金発生時には貸方に，これを支払ったときには借方に記入する。

　得意先の勘定は，借方残高となり，得意先に対する債権を示している。また，仕入先の勘定は，貸方残高になり，仕入先に対する債務を示している。

　しかし，通常は取引先が多いため，この方法は不便であり，あまり利用されておらず，主要簿では売掛金，買掛金という勘定を使用しながら，補助簿として得意先および仕入先ごとに人名勘定（口座）を設けて債権・債務の発生・消滅を記入する方法がとられている。

(3) 売掛金元帳と買掛金元帳

　得意先や仕入先の数が多くなり人名勘定の口座が増えると，元帳が膨大になるために，その記帳が繁雑になり，売掛金・買掛金の総額を計算するのに手間がかかる。そこで，総勘定元帳に売掛金勘定と買掛金勘定を開設するとともに，

これとは別に**売掛金元帳（得意先元帳）**と**買掛金元帳（仕入先元帳）**という補助簿を作成する。売掛金元帳，買掛金元帳を詳細に記入することで，この2つの補助簿で人名勘定への記入ができ，それと同時に総勘定元帳にも記入できる。売掛金が発生すると，総勘定元帳の売掛金勘定借方に記入すると同時に，その明細を売掛金元帳の人名勘定借方に記入する。売掛金回収と同時に，売掛金勘定貸方とその人名勘定貸方に記入する。買掛金勘定と買掛金元帳の関係も同様の方法で行われる。したがって，売掛金勘定（買掛金勘定）の借方合計金額は，売掛金元帳（買掛金元帳）の人名勘定のすべての借方合計金額と一致する。これは，貸方合計金額においても同様である（図表5－3）。

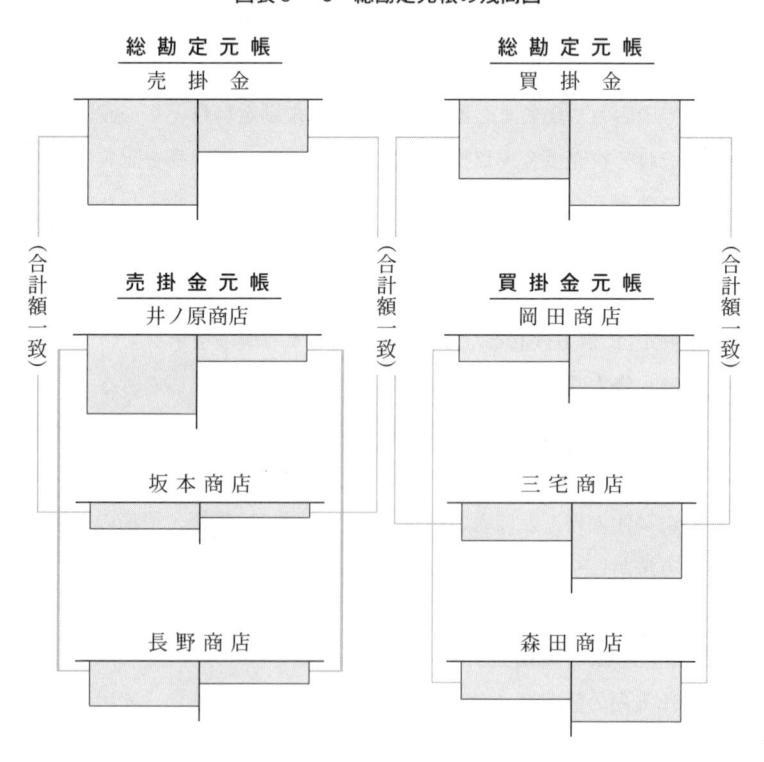

図表5－3　総勘定元帳の残高図

第 5 章 債 権 債 務

図表 5 − 4　売掛金元帳

売 掛 金 元 帳

国 分 商 店

平成○年		摘　　要	仕丁	借　方	貸　方	借貸	残　高
4	1	前 月 繰 越		120,000		借	120,000
	6	売　　　　上		180,000		〃	300,000
	10	売 上 戻 り			10,000	〃	290,000
	18	回　　　　収			50,000	〃	240,000
	30	次 月 繰 越			240,000		
				300,000	300,000		
5	1	前 月 繰 越		240,000		借	240,000

【記入方法】

① 取引日を記入する。

② 前月繰越額を借方に記入する。

③ 仕訳帳から摘要および金額を転記し，残高を計算する。

④ 残高欄の残額を次月繰越とし，貸方に朱書きする。

⑤ 借方・貸方の金額を合計し，締め切る。

＊ なお，仕丁とは仕訳帳丁数のことで，仕丁欄には仕訳帳の頁数を記入する。

図表 5 − 5　買掛金元帳

買 掛 金 元 帳

長 瀬 商 店

平成○年		摘　　要	仕丁	借　方	貸　方	借貸	残　高
7	1	前 月 繰 越			140,000	貸	140,000
	7	仕　　　　入			120,000	〃	260,000
	15	仕 入 戻 り		20,000		〃	240,000
	27	支　　　　払		70,000		〃	170,000
	31	次 月 繰 越		170,000			
				260,000	260,000		
8	1	前 月 繰 越			170,000	貸	170,000

【記入方法】

① 取引日を記入する。

② 前月繰越額を貸方に記入する。

③ 仕訳帳から摘要および金額を転記し，残高を計算する。
④ 残高欄の残額を次月繰越とし，借方に朱書きする。
⑤ 借方・貸方の金額を合計し，締め切る。

(4) 統制勘定

総勘定元帳の売掛金勘定は，補助元帳としての売掛金元帳の借方合計と一致する。同様に，買掛金勘定は，買掛金元帳の貸方合計と一致する。このことから，売掛金勘定や買掛金勘定は，売掛金元帳と買掛金元帳の人名勘定を統制する勘定となるので，これを**統制勘定**（総括勘定）という。

(5) 貸倒損失と貸倒引当金

売掛金や貸付金，受取手形などの債権は，得意先の破産などのために，回収不能となる場合がある。これを貸倒れという。**貸倒れ**が生じた場合，その損失を**貸倒損失勘定**（費用勘定）の借方に計上し，売掛金などの各債権勘定を貸方に計上し，当該債権の金額を減少させなければならない。その場合の仕訳は，

　　　　（借）貸　倒　損　失　　×××　　（貸）売　掛　金　など　　×××

となる。この場合，得意先に対する債権が減少するので，売掛金元帳にも記入しなければならない。

期末の売掛金，受取手形，貸付金残高の中で，将来貸倒れになる可能性を含むものがある場合，売掛金などに対する貸倒予想額を当期の費用に計上し，その額だけ売掛金，受取手形を減らす記帳を行う。その場合，決算期末に決算時の売掛金や受取手形の金額に過去の経験率を適用して貸倒予想額を計算し，この金額を費用として計上するとともに**貸倒引当金**を計上する。この貸倒予想額は，あくまで予想であるため，どの得意先の債権が貸倒れになるかわからない。そこで，貸倒予想額を**貸倒引当金繰入勘定**（費用勘定）の借方に計上するとともに，その金額を**貸倒引当金勘定**（評価勘定）の貸方に計上する。当該債権の勘定（売掛金勘定など）の借方残高から貸倒引当金勘定の貸方残高を差し引いた額が，回収確実な債権（売掛金など）を示すこととなる。貸倒引当金勘定のように，そ

の残高を他の勘定の残高と関係させることにより,その勘定の正味の残高を把握する役割をもつ勘定を**評価勘定**という。

決算にさいして,貸倒引当金を見積もり,計上した場合の仕訳は,以下のようになる。

　　　(借)貸倒引当金繰入　×××　　(貸)貸 倒 引 当 金　×××

そして,実際に貸倒れとなり,貸倒引当金で補・した場合の仕訳は,以下のようになる

　　　(借)貸 倒 引 当 金　×××　　(貸)売 掛 金 な ど　×××

また,実際に発生した貸倒額が,貸倒引当金勘定の残高を上回り,補填できなかった場合,その超過額を貸倒損失として処理し,以下のような仕訳となる。

　　　(借)貸 倒 引 当 金　×××　　(貸)売 掛 金 な ど　×××
　　　　　貸 倒 損 失　×××

期末に貸倒予想額を計上するとき,前期末に設定した貸倒引当金の残高がある場合,次の二つの処理方法がある。

① **実績法(差額補充法)**

決算期末において,前期末設定された貸倒引当金の残高がある場合,当期末に計算された貸倒引当金から,その残高額を差し引いた金額のみを計上する方法を**実績法(差額補充法)**という。

② **洗 替 法**

前期より繰り越された貸倒引当金がある場合,この貸倒引当金は前期計上の費用分であるため,この貸倒引当金残高を貸倒引当金戻入勘定に計上するとともに,当期に新しく貸倒引当金を設定する方法を**洗替法**という。

例題 5 - 1

次の取引の仕訳を差額補充法および洗替法で示しなさい。
　当期末において,売掛金残高￥2,500,000 に対して 2%の貸倒引当金を設定する。ただし,貸倒引当金残高は,￥15,000 である。

解答
- 実績法（差額補充法）
    (借) 貸倒引当金繰入　35,000　　(貸) 貸倒引当金　35,000
- 差 替 法
    (借) 貸倒引当金　　　15,000　　(貸) 貸倒引当金戻入　15,000
        貸倒引当金繰入　50,000　　　　貸倒引当金　　　50,000

解説
- 実績法（差額補充法）
    ¥2,5000,000 × 0.02 − 15,000 = 35,000
- 差 替 法
    ¥2,500,000 × 0.02 = 50,000

(6) 償却債権取立益

　売掛金や貸付金，受取手形などの債権が回収不能となったとき，それを貸倒損失として処理する。貸倒引当金を設定している場合には，その引当金で処理する。前期以前に回収不能として処理した債権が，当期になって回収できた場合には，回収額を**償却債権取立益勘定**（収益勘定）の貸方に記入する。その場合の仕訳は，以下のようになる。

　　　(借) 現　金　な　ど　×××　　(貸) 償却債権取立益　×××

3 ■その他の債権債務

　商品売買取引以外の取引によって生じた営業上の債権債務は，売掛金勘定と買掛金勘定では，処理できない。そこで，掛取引以外の債権債務の中で，手形債権，手形債務取引以外の債権債務の処理方法を取引内容に応じて説明する。

(1) 貸付金と借入金

　金銭の貸付けにより発生する債権が**貸付金**であり，銀行などからの金銭の借入れによって生じる債務が**借入金**である。借用証書の授受にもとづいて金銭を

第5章 債権債務

貸借する場合は，**貸付金勘定**（資産勘定）と**借入金勘定**（負債勘定）を用いて処理する。取引先や従業員に対し借用証書によって他人に金銭を貸し付けたときは，貸付金勘定の借方に貸付額を記入する。この場合の仕訳は，以下のようになる。

　　　（借）貸　付　金　×××　　（貸）現　金　な　ど　×××

それを回収したときは貸方に返済額を記入し，その場合の仕訳は，以下のようになる。

　　　（借）現　金　な　ど　×××　　（貸）貸　付　金　×××

この結果，貸付金勘定の残高はつねに借方に生じ，貸付金の未回収額（現在高）を示すこととなる。

反対に借用証書によって他人から借り入れたときは，借入金勘定の貸方に借入額を記入する。この場合の仕訳は，以下のようになる。

　　　（借）現　金　な　ど　×××　　（貸）借　入　金　×××

それを返済したときは借方に返済額を記入し，その場合の仕訳は，以下のようになる。

　　　（借）借　入　金　×××　　（貸）現　金　な　ど　×××

この結果，借入金勘定の残高はつねに貸方に生じ，借入金の未返済額（現在高）を示すこととなる。貸付金と借入金の貸借契約について，返済期限1年を超えるものを**長期貸付金・長期借入金**と，1年以内のものを**短期貸付金・短期借入金**と記載する。金銭貸借に関して利子が授受される場合には，受け取った方は，受取利息勘定（収益勘定）の貸方に記入し，支払った方は，支払利息勘定（費用勘定）の借方に記入する。

貸付金勘定と借入金勘定を勘定形式で示すと，以下のようになる。

図表5－6　貸付金勘定と借入金勘定

貸付金		借入金	
貸付額	回収額	返済額	借入額
	未回収額	未返済額	

例題 5 − 2

次の取引を両者の立場から仕訳しなさい。
山下商店は，今井商店に現金 ¥250,000 を貸し付けた。

解答

・山下商店の仕訳

　　（借）貸　付　金　250,000　　（貸）現　　　金　250,000

・今井商店の仕訳

　　（借）現　　　金　250,000　　（貸）借　入　金　250,000

解説

　山下商店は，今井商店に対して，現金 ¥250,000 を貸し付けたので，貸付金勘定の借方に貸付額を記入する。今井商店は，現金 ¥250,000 を借り入れたので，借入金勘定の貸方に借入額を記入する。

(2) 未収金と未払金

　商品の信用売買に関連して発生する債権債務は，売掛金と買掛金であるが，商品以外の物品である土地，建物，備品など売却や買入れなどによって発生する債権債務は，**未収金勘定**（資産勘定）と**未払金勘定**（負債勘定）で処理する。

　未収金勘定の借方には，有価証券や固定資産といった物品売却代金の未収額のほかに，貸付金利息や不動産賃貸料といった継続的かつ反復的に提供している用役に対する未収額のうち，支払期限がきたものも記入され，その場合の仕訳は，以下のようになる。

　　　　（借）未　収　金　×××　　（貸）土　地　など　×××
　　　　（借）未　収　金　×××　　（貸）受取利息　など　×××

　未収金勘定の貸方には，それらの回収額を記入し，その場合の仕訳は，以下のようになる。

　　　　（借）現　金　など　×××　　（貸）未　収　金　×××

　未払金勘定の貸方には，有価証券や固定資産，消耗品といった物品購入代金

第5章 債権債務

の未払額，借入金利息や不動産賃借料といった継続的かつ反復的に提供されている用役に対する未払額のうち支払期限がきたもの，さらに，運賃や修繕費といった個別的に提供された用役に対する未払額が記入され，その場合の仕訳は，以下のようになる。

（借）土　　地 など　×××　（貸）未　払　金　×××
（借）支払利息 など　×××　（貸）未　払　金　×××
（借）修　繕　費 など　×××　（貸）未　払　金　×××

未払金勘定の借方には，それらの支払額を記入し，その場合の仕訳は，以下のようになる。

（借）未　　払　　金　×××　（貸）当座預金 など　×××

図表5－7　未収金勘定と未払金勘定

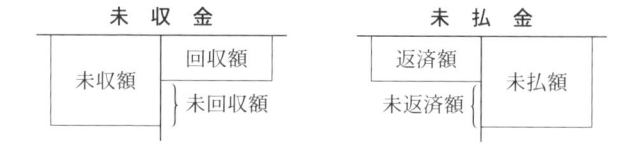

未　収　金		未　払　金	
未収額	回収額	返済額	未払額
	未回収額	未返済額	

例題5－3

次の取引の仕訳を示しなさい。
　香取商店は，所有している土地の一部を中居商店に売却し，代金は月末に受け取ることにした。売却額は，¥750,000，その原価は，¥250,000である。

解　答

・香取商店

　（借）未　収　金　750,000　（貸）土　　　　地　250,000
　　　　　　　　　　　　　　　　　固定資産売却益　500,000

・中居商店

　（借）土　　　　地　750,000　（貸）未　払　金　750,000

(3) 前払金（前渡金）と前受金

通常の信用売買は，現物の受渡し前に代金の一部もしくは全部を手付金や内金，予約金として授受することがある。**前払金**（前渡金）とは，この場合の前払分の債権をいい，**前受金**とは，前受分の債務をいう。このときに生じる債権債務は，**前払金勘定**（資産勘定）と**前受金勘定**（負債勘定）で処理される。

商品を購入するとき，あらかじめ代金の一部もしくは全部を支払った場合，前払金勘定の借方に記入し，後日商品を受け取ったときに，その貸方に記入する。この場合の仕訳は，以下のようになる。

(借) 前　払　金　×××　　(貸) 現　金　など　×××
(借) 仕　　　入　×××　　(貸) 前　払　金　　　×××

一方，商品を販売するとき，あらかじめ代金の一部もしくは全部を受け取った場合，前受金勘定の貸方に記入し，後日商品を引き渡したときに，その借方に記入する。その場合の仕訳は，以下のようになる。

(借) 現　　　金　×××　　(貸) 前　受　金　×××
(借) 前　受　金　×××　　(貸) 売　　　上　×××

ただし，前払金・前受金が手付金としての性格をもつ場合には，支払手付金勘定・受取手付金勘定で処理されることもある。

図表5－8　前払金勘定と前受金勘定

前　払　金		前　受　金	
前払金（内金）支払い	商品の受取り	商品の引渡し	前受金（内金）受取り

例題5－4

次の取引の仕訳を示しなさい。
① 木村商店は，稲垣商店に商品￥600,000を注文し，手付金として￥250,000の小切手を振り出した。
② 上記の商品を木村商店は仕入れ，仕入代金は掛とした。

第5章 債権債務

解答

① ・木村商店
(借) 前　払　金　250,000　　(貸) 当 座 預 金　250,000
・稲垣商店
(借) 現　　　　金　250,000　　(貸) 前　受　金　250,000

② ・木村商店
(借) 仕　　　　入　600,000　　(貸) 前　払　金　250,000
　　　　　　　　　　　　　　　　　買　掛　金　350,000
・稲垣商店
(借) 前　受　金　250,000　　(貸) 売　　　上　600,000
　　売　掛　金　350,000

(4) 立替金と預り金

役員，従業員や取引先などが負担すべき金額を，企業が一時的に立て替えて支払った場合は，**立替金勘定**（資産勘定）の借方に記入し，後日返済を受けた額を貸方に記入する。ただし，一時的でない場合は，貸付金として処理する。従業員に関するものは，他のものと区別するために**従業員立替金勘定**といった名称を付した勘定を使用する場合もある。従業員に，給料を引当に前貸しや立替払いを行った場合，それを立替金勘定で処理し，給料支払い時に相殺する。この場合の仕訳は，以下のようになる。

　　　　(借) 従 業 員 立 替 金　×××　　(貸) 現　金　な　ど　×××
　　　　(借) 従 業 員 給 料　×××　　(貸) 従 業 員 立 替 金　×××

一方，役員，従業員や得意先などから一時的に金銭を預かった場合は，**預り金勘定**（負債勘定）の貸方に記入し，後日返済ないし国庫および地方団体などに納入した額を借方に記入する。預り金は，その目的によって，**(源泉)所得税預り金勘定**，**保険料預り金勘定**，**従業員預り金勘定**，**従業員旅行積立預り金勘定**などを使用する場合もある。企業が，役員，従業員に対して給料を支払うとき，彼らが負担すべき所得税を源泉徴収として預かった場合は，所得税を納入する

まで源泉所得税預り金勘定で処理し，それを支払った時点でこの勘定は消滅する。この場合の仕訳は，以下のようになる。

　　　　（借）給　　　　　料　×××　（貸）源泉所得税預り金　×××
　　　　　　　　　　　　　　　　　　　　　現　　　　　金　×××
　　　　（借）源泉所得税預り金　×××　（貸）現　　　　　金　×××

図表5－9　立替金勘定と預り金勘定

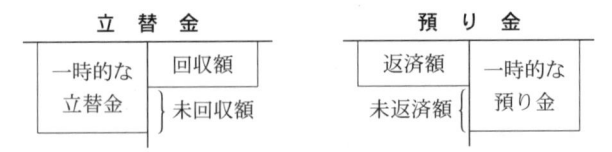

立　替　金		預　り　金	
一時的な立替金	回収額	返済額	一時的な預り金
	未回収額	未返済額	

例題5－5

次の取引の仕訳を示しなさい。
　12月の給料￥150,000に対して旅行積立金を￥3,000，源泉所得税を￥10,000，従業員立替金￥7,000を差し引き，現金にて支払った。

解　答

（借）給　　料	150,000	（貸）従業員旅行積立預り金	3,000
		源泉所得税預り金	10,000
		従業員立替金	7,000
		現　　金	130,000

(5)　仮払金と仮受金

商品の仕入，売上に対する場合を除き，金額または内容が未確定な現金の支出と収入を**仮払金，仮受金**という。現金を支出したが，勘定科目や金額が確定していないときには，**仮払金勘定**（資産勘定）の借方に記入し，仕訳は，以下のようになる。

　　　　（借）仮　払　　金　×××　（貸）現　金　など　×××

第5章 債権債務

その内容または金額が判明した後，同勘定の貸方に記入し，正しい勘定に振り替えて整理する。その場合の仕訳は，以下のようになる。

（借）旅　　　　費　×××　（貸）仮　払　金　×××
　　　現　金　な　ど　×××

一方，現金を受け取ったが，勘定科目または金額が確定していないときは，**仮受金勘定**（負債勘定）の貸方に記入し，仕訳は，以下のようになる。

（借）現　金　な　ど　×××　（貸）仮　受　金　×××

その内容または金額が判明した後，同勘定の借方に記入し，正しい勘定に振り替えて整理する。その場合の仕訳は，以下のようになる。

（借）仮　受　金　×××　（貸）売掛金　など　×××

仮払金勘定と仮受金勘定は，一時処理するためのものであり，現金過不足勘定と同様，仮勘定である。

図表5－10　仮払金勘定と仮受金勘定

仮　払　金		仮　受　金	
未確定な状態での支出額	支出の内容と金額が確定	収入の内容と金額が確定	未確定な状態での収入額

例題5－6

次の取引の仕訳を示しなさい。
① 従業員が出張するにさいし，旅費の概算額￥80,000を現金で渡した。
② 出張中の従業員から￥120,000の当座振込みがあったが，その内容は未確定である。
③ 従業員が帰店し，旅費の残額￥5,500を現金で受け入れた。なお，上記の当座振込みは，草弥商店に対する売掛金の回収であるとの報告を受けた。

解答

① （借）仮　払　金　　80,000　（貸）現　　　　金　　80,000
② （借）当　座　預　金　120,000　（貸）仮　受　金　120,000
③ （借）現　　　　金　　5,500　（貸）仮　払　金　　80,000
　　　　旅　　　　費　74,500

(借) 仮 受 金 120,000 　 (貸) 売 掛 金 120,000

(6) 商品券と他店商品券

百貨店やチェーンストアなどが商品券を発行した場合の債務は，**商品券勘定**（負債勘定）で処理する。商品券を発行したとき，その発行金額を商品券勘定の貸方に記入し，その仕訳は，以下のようになる。

(借) 現 金 な ど ×××　(貸) 商 品 券 ×××

商品券と引替えに商品を販売したときには，引渡額を借方に記入し，商品券勘定から売上勘定への振替えを行う。その場合の仕訳は，以下のようになる。

(借) 商 品 券 ×××　(貸) 売 上 ×××

なお，顧客が商品券を購入する場合には，印紙税などの税金を負担しなければならないが，企業では，これを預り金勘定で処理し，後に地方税として支払う。

また，他店が発行した商品券（全国共通商品券など）を受け取り，商品を販売した場合は，他店に対する債権となるので，**他店商品券勘定**（資産勘定）の借方に記入し，仕訳は，以下のようになる。

(借) 他 店 商 品 券 ×××　(貸) 売 上 ×××

他店商品券が決済された場合には，他店商品券勘定の貸方に記入し，仕訳は，以下のようになる。

(借) 現 金 ×××　(貸) 他 店 商 品 券 ×××

図表5－11　他店商品券勘定と商品券勘定

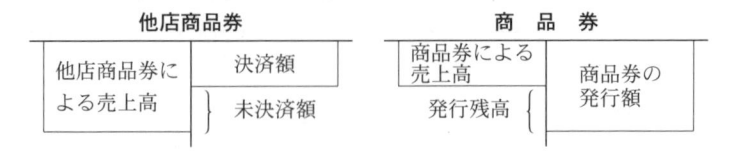

他店商品券		商品券	
他店商品券による売上高	決済額	商品券による売上高	商品券の発行額
	未決済額	発行残高	

第5章 債権債務

例題 5 – 7

次の取引の仕訳を示しなさい。
① 商品券 ¥80,000 を発行し，現金を受け取った。
② 本日の小売りは，¥290,000 であり，そのうち ¥50,000 は当店の商品券により，また ¥90,000 は全国共通商品券により，残額は現金による売上である。

解 答

① （借）現　　　　金　　80,000　　（貸）商　品　券　　80,000
② （借）現　　　　金　　150,000　　（貸）売　　　上　　290,000
　　　　他店商品券　　90,000
　　　　商　品　券　　50,000

＊利息の計算方法
・月割計算
$$\text{利息金額} = \text{借入金額} \times \text{年利率} \times \frac{\text{借入月数}}{12\text{ヵ月}}$$

・日割計算
$$\text{利息金額} = \text{借入金額} \times \text{年利率} \times \frac{\text{借入日数}}{365\text{日}}$$

第 6 章
有 価 証 券

1 ■概　　要

(1) 有　価　証　券

　会社は資金に余裕があるとき，これを有利に運用するために有価証券を買い入れることがある。これは，利息や配当（インカム・ゲイン）を受け取ることができる，あるいは値上がりによるもうけ（キャピタル・ゲイン）を期待することができるなどの理由による。

　簿記上の有価証券には，次のようなものが含まれる。

```
● 株　　　券
● 社　債　券
● 国 債 証 券
● 地方債証券
● 証券投資信託や貸付信託の受益証券
```

図表6－1　株券と社債券

株　　券

蛍原株式会社株券

第000001号　　千　株　券

会社の商号　蛍原株式会社
会社の成立　平成○1年4月1日　　発行年月日　平成○2年4月1日
発行する株式総数　5億株

本株券は当会社定款により記名者が千株の株主であることを證するものである

平成○2年4月1日
蛍原株式会社
取締役社長　蛍原　四郎

社債券

西川商事株式会社
第100回社債券
金　百　万　円
利率年4.8％
償還期日　平成15年9月30日
平成10年10月1日
西川商事株式会社

取締役社長　西川　二郎

西川商事株式会社 第100回社債 金 24,000 円 利払日： 平成15年9月30日	西川商事株式会社 第100回社債 金 24,000 円 利払日： 平成15年3月31日	西川商事株式会社 第100回社債 金 24,000 円 利払日： 平成14年9月30日	西川商事株式会社 第100回社債 金 24,000 円 利払日： 平成14年3月31日
西川商事株式会社 第100回社債 金 24,000 円 利払日： 平成13年9月30日	西川商事株式会社 第100回社債 金 24,000 円 利払日： 平成13年3月31日	西川商事株式会社 第100回社債 金 24,000 円 利払日： 平成12年9月30日	西川商事株式会社 第100回社債 金 24,000 円 利払日： 平成12年3月31日

(2) 有価証券の分類と評価

有価証券は，その保有目的の観点から，売買目的有価証券，満期保有目的の債券，子会社株式・関連会社株式，その他有価証券に分類される。

売買目的有価証券とは，時価の変動により利益を得ることを目的として保有する有価証券のことである。時価で流動資産に「有価証券」として計上する。**満期保有目的の債券**とは，満期まで保有する目的をもって保有する社債その他の債券のことである。原則として，取得原価をもって評価する。なお，時価と帳簿価額との差額は切放法または洗替法に基づいて，当期の損益に計上する。**子会社株式・関連会社株式**とは，当該会社からみて子会社または関連会社に該当すると認められる会社の株式のことである。取得原価で投資等の区分に計上する。最後に**その他有価証券**とは，上記の3つの項目に分類されない有価証券のことである。時価で評価する。

有価証券は，以下のような評価基準を適用して帳簿価格を決定する。

有価証券	評価基準	評価差額の取扱い
売買目的有価証券	時価	損益に計上
満期保有債券	償却原価	———
関係会社株式	原価	———
その他の有価証券	時価	資本の部に直接計上

償却原価とは，債券（債権）を債権額より高くまたは安く取得した場合，当該差額を毎期利息として計上し，取得原価に加減した価額をいう。また，市場価格がなく時価評価できない場合は，原価評価する。

(3) 売買目的有価証券

売買目的有価証券を取得すると，**売買目的有価証券勘定**または**有価証券勘定**が設定される。有価証券を購入したときは有価証券勘定の借方に記入され，売却したときは貸方に記入される。

図表6－2　有価証券勘定

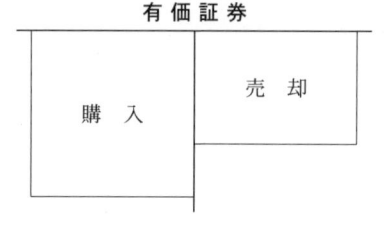

```
        有 価 証 券
┌─────────┬─────────┐
│         │   売 却  │
│   購 入  ├─────────┘
│         │
└─────────┘
```

　売買目的有価証券は，取得したとき，配当金・利息を受け取ったとき，売却したとき，決算時に評価替えを行ったときに，会計処理が必要となる。
　売買目的有価証券を取得した場合
　　　（借）売買目的有価証券　×××　　　　（貸）現金など　×××
　売買目的有価証券を売却した場合
　　　売却価額＞帳簿価額
　　　（借）現金など　×××　　　（貸）売買目的有価証券　×××
　　　　　　　　　　　　　　　　　　　　有価証券売却益　×××
　　　売却価額＜帳簿価額
　　　（借）現金など　×××　　　（貸）売買目的有価証券　×××
　　　　　　有価証券売却損　×××
　売買目的有価証券の期末評価
　　　時　　価＞帳簿価額
　　　（借）売買目的有価証券　×××　　（貸）有価証券評価益　×××
　　　時　　価＜帳簿価額
　　　（借）有価証券評価損　×××　　（貸）売買目的有価証券　×××
　売買目的有価証券の期末評価は時価法による。また，「売買目的有価証券」勘定は「有価証券」勘定でもよい。

2 ■有価証券の取得

　有価証券を取得したときは，有価証券勘定の借方に取得原価で記入される。取得原価とは購入代価に買入手数料などの付随費用を含めた金額のことである。

第6章 有価証券

取得原価 ＝ 購入代価 ＋ 付随費用

購入代価は以下の計算による。

　　　株　　　式　➡　1株の買入価額 × 株式数

　　　社債・公債　➡　額面金額 × 買入単価 ／ ¥100

例題6－1

次の取引の仕訳を示しなさい。
① 宮迫商店は，蛍原商事の株式10株を1株につき¥50,000で購入し，買入手数料¥10,000とともに小切手を振り出して支払った。
② 横山商店は，西川商事の社債（額面金額¥100,000）を＠¥99（額面¥100あたりの金額）で購入し，代金は月末に支払うこととした。

解答

① （借）有　価　証　券　510,000　　（貸）当　座　預　金　510,000
② （借）有　価　証　券　 99,000　　（貸）未　　払　　金　 99,000

解説

① 有価証券の取得原価には買入手数料を含む。
② 取得数＝¥100,000 ÷ ＠¥100 ＝ 1,000口

　　取得原価＝＠¥99 × 1,000口 ＝ ¥99,000

　　有価証券の購入は主たる営業活動以外の取引のため，月末払いは買掛金ではなく未払金とする。

なお，公債・社債などの定期的に利息が支払われる債券が，利払日と異なる日に売買された場合，前回の利払日の翌日から購入日までの期間に発生した利息（端数利息）は売手に帰属するので，買手は売手に，債券の価格とともに端数利息を支払わなければならない。端数利息は，**有価証券利息勘定**の借方に記入される。

図表 6 − 3 有価証券購入時の端数利息の発生

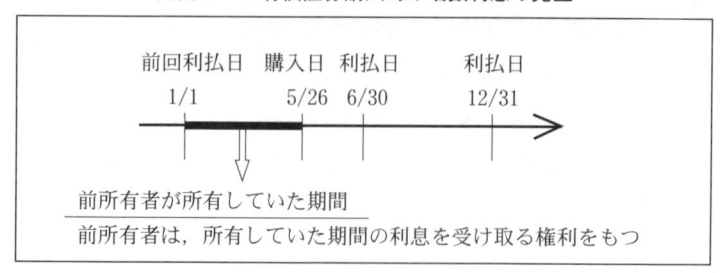

```
前回利払日    購入日 利払日      利払日
  1/1        5/26  6/30       12/31
───┼──────────┼───┼──────────┼──────→
        ↑
   前所有者が所有していた期間
   前所有者は，所有していた期間の利息を受け取る権利をもつ
```

例題 6 − 2

次の取引の仕訳を示しなさい。
 5月26日，横山商店は，西川商事の社債（額面金額￥100,000）を＠￥99（額面￥100あたりの金額）で購入し，代金は月末に支払うこととした。なお利払日は毎年6月末と12月末の2回で，利率は，年10％である。端数利息は，小切手を振り出して支払った。

解答

(借) 有 価 証 券　　99,000　　(貸) 未　　払　　金　　99,000
　　 有価証券利息　　 4,000　　　　 当 座 預 金　　 4,000

解説

利息（1年間）＝￥100,000 × 10％ ＝￥10,000
端数利息（1月1日〜5月26日；146日）＝￥10,000 × 146日 ÷ 365日 ＝￥4,000
端数利息の支払いは有価証券利息勘定の借方に記入する。

3 ■配当金と利息の受取り

　有価証券のうち，株式を所有しているときは配当金，公債や社債を所有しているときは利息を受け取ることができる。
　株式の配当金を受け取ったときは，**受取配当金勘定**の貸方に，公債や社債の利息を受け取ったときは，有価証券利息勘定の貸方に記入される。

第6章 有 価 証 券

例題 6－3

次の取引の仕訳を示しなさい。
① 宮迫商店は，蛍原商事の株式10株を所有していたところ，本日￥5,000の配当金領収書が送られてきた。
② 横山商店は，西川商事の社債（額面金額￥100,000）について，10％の利息を現金で受け取った（利払日は年2回）。

解答

① （借）現　　　　金　　5,000　　（貸）受 取 配 当 金　　5,000
② （借）現　　　　金　　5,000　　（貸）有 価 証 券 利 息　　5,000

解説

① 配当金領収書の受取りは現金勘定の借方と受取配当金勘定の貸方に記入する。
② 利息＝￥100,000×10％÷2＝￥5,000
　利息の受取りは有価証券利息勘定の貸方に記入する。

4 ■有価証券の売却

有価証券を売却したときは，その帳簿価格が有価証券勘定の貸方に記入される。売却による手取額と帳簿価格の差額は，**有価証券売却損勘定**または**有価証券売却益勘定**に記入される。

例題 6－4

次の取引の仕訳を示しなさい。
① 宮迫商店は，矢部商店に，例題6－1①で購入した蛍原商事の株式5株を，1株あたり￥40,000で売却し，手取金は当座預金とした。
② 横山商店は，島田商店に，例題6－1②で購入した西川商事の社債（額面金額￥50,000）を，＠￥100で売却し，代金は月末に受け取ることにした。

解答

① （借）当 座 預 金　200,000　　（貸）有 価 証 券　255,000
　　　　有価証券売却損　 55,000

② (借) 未　収　金　50,000　　(貸) 有　価　証　券　49,500
　　　　　　　　　　　　　　　　　　有価証券売却益　　　500

解説

① 有価証券 (1株あたり)＝¥510,000 ÷ 10株＝¥51,000
　有価証券 (5株)＝@¥51,000 × 5株＝¥255,000
　有価証券売却損＝¥255,000 － ¥200,000＝¥55,000

② 売却数＝¥50,000 ÷ @¥100 ＝ 500口
　有価証券 (500口)＝@¥99 × 500口＝¥49,500
　有価証券売却益＝¥50,000 － ¥49,500＝¥500

5 ■有価証券の評価替え

　有価証券の市場価格 (時価) は絶えず変動しているために，決算時の有価証券の価格が取得原価よりも高く，あるいは低くなっている場合がある。

　有価証券を，決算時の時価にかかわらず取得原価で評価する方法を**原価法**といい，他方，決算時の時価で評価する方法を**時価法**という。時価法が採用された場合に，有価証券の取得原価を変更することを**有価証券の評価替え**という。

　従来は時価が原価より著しく低下し，かつ回復の見込がない場合は，帳簿価額を時価まで引き下げる低価法が採用されてきたが，2000年4月以降，商法その他の関連法令に時価会計が導入され，有価証券の評価は原則として時価法で処理することになった。

　時価法が採用されると，有価証券の時価が取得原価よりも低いときは，取得原価を時価まで引き下げなければならない。時価が取得原価を下回った額は，**有価証券評価損勘定**の借方に記入される。

　他方，有価証券の時価が取得原価よりも高いときは，取得原価を時価まで引き上げなければならない。時価が取得原価を上回った額は，**有価証券評価益勘定**の貸方に記入される。

第6章　有　価　証　券

図表6−4　有価証券勘定と有価証券評価損勘定

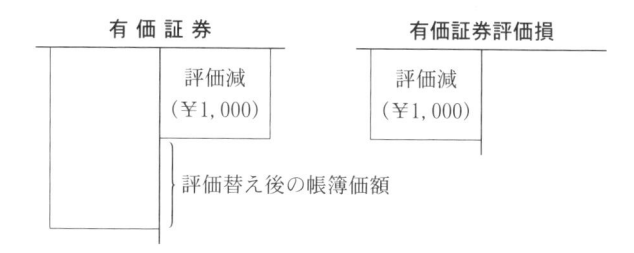

```
     有　価　証　券              有価証券評価損
          │ 評価減                │ 評価減
          │ (¥1,000)             │ (¥1,000)
          │
          │ 評価替え後の帳簿価額
```

図表6−5　有価証券勘定と有価証券評価益勘定

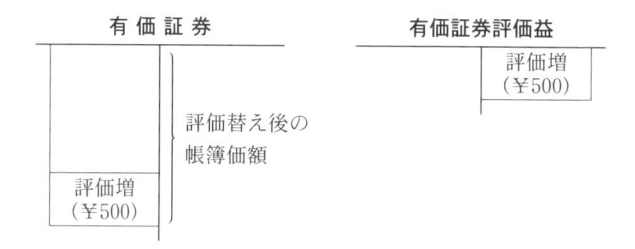

```
     有　価　証　券              有価証券評価益
          │                       │ 評価増
          │ 評価替え後の          │ (¥500)
          │ 帳簿価額
    評価増 │
   (¥500) │
```

例題6−5

次の取引の仕訳を示しなさい。
① 決算にあたり，例題6−1①で購入した蛍原商事の株式5株（帳簿価額¥255,000）を@¥40,000に評価替えする。
② 決算にあたり，例題6−1②で購入した西川商事の社債500口（帳簿価額¥49,500）の時価は@¥100であることが判明した。

解　答

① （借）有価証券評価損　55,000　　（貸）有　価　証　券　55,000
② （借）有　価　証　券　　　500　　（貸）有価証券評価益　　　500

解　説

① 有価証券評価損＝¥255,000 − ¥40,000 × 5株＝¥55,000
② 有価証券（1口あたり）＝¥49,500 ÷ 500口＝@¥99
　　有価証券評価益＝(@¥100 − @¥99)× 500口＝¥500

第 7 章
手　　　　　形

1 ■手形の経済的機能と種類

(1) 手形の経済的機能

手形は，将来の一定期日（満期日）において，一定の場所で一定の金額を支払うことを約束する有価証券の一種（貨幣証券）であり，決済手段として広く利用されている。通常の場合には，企業の仕入・売上活動にともなって生じるため，売掛金や買掛金とともに営業債権や営業債務に含まれる。

手形の経済的機能として，手形を振り出す企業からすれば，取引先への支払いを一定期間猶予できるというメリットがある。というのは，手形を利用することにより，満期日まで現金支出を抑えることができるからである。

一方，手形を受け取る企業からすれば，売掛金など他の債権と比較して代金回収がより確実となるメリットがある。売掛金は，取引先との信用を基礎にして行われる取引であるのに対して，手形は，「手形法」によって明確に保護されているからである。さらに，手形は証券の形態をとっているので，所有している手形があれば支払手段として取引先に譲渡したり，満期日前であっても銀行に持ち込み所定の割引料を支払えば，早期に現金化することができる。債権を容易に譲渡できるという機能は，手形の特徴といえる。

手形は，法律上・簿記上・取引上の観点から，図表7－1のように分類することができる。

図表7-1 手形の分類

法律上の分類	→	約束手形・為替手形
簿記上の分類	→	受取手形・支払手形
取引上の分類	→	商業手形・金融手形

約束手形・為替手形という法律上の分類は，手形自体の役割・機能を理解するうえで重要であるため，項を改めて説明する。

簿記上の分類は，仕訳を行うさいの勘定科目として使用される。先に示した法律上の分類にかかわりなく，手形を受け取った場合には受取手形勘定，振り出した場合には支払手形勘定となる。

取引上の分類は，手形がいかなる目的のために利用されているのかという経済的観点に立脚している。特に金融手形は第5節で詳述されるが，取引の実態を正確に反映するために，受取手形勘定・支払手形勘定ではなく手形貸付金勘定・手形借入金勘定で処理する点に注意を要する。

(2) 約束手形

約束手形は，手形債務者となる手形の振出人（支払人）が，手形債権者となる受取人（名宛人）に対して，一定期日に手形金額を支払うことを約束した有価証券である。図表7-2は，安倍商店が松浦商店に対して振り出した約束手形の実例である。

図表7-2 約束手形

No. 27	約束手形 No. DD 13			東京 536 1901-4
	松浦商店　殿	支払期日	平成○年7月27日	
収入印紙	金額　￥300,000 ※	支払地	東京都豊島区	
		支払場所	加護銀行池袋支店	

上記金額をあなたまたはあなたの指図人へこの約束手形と引替えにお支払いいたします

平成○年5月21日
振出地　東京都大田区○○
住　所
振出人　安倍商店
　　　　安倍武義 ㊞

(3) 為 替 手 形

為替手形は，手形の振出人が，支払人（名宛人）に対して，一定期日に手形金額を受取人（指図人）に支払うことを委託した有価証券である。図表7－3は，紺野商店が石川商店に対して，中澤商店への支払いを委託した為替手形の実例である。

図表7－3　為 替 手 形

```
┌─────────────────────────────────────────────────────────┐
│  No. 63      為 替 手 形   No. D51                        │
│       住所　北海道釧路市○○                              │
│ 収入                                                     │
│       石川商店　石川浩司　殿                              │
│ 印紙                                                     │
│       金額                                               │
│           ￥500,000 ※                                    │
│                        ┌─────┬─────────────┐             │
│                        │支払期日│平成○年2月18日│         │
│                        │支 払 地│東京都港区    │         │
│       中澤商店                                            │
│                        │支払場所│小川銀行六本木支店│     │
│            殿またはその指図人へこの為替手形と             │
│            引替えに上記金額をお支払いください             │
│            拒絶証書不要                                   │
│                                                          │
│  平成○年1月8日             引受　平成○年1月8日          │
│  振出地                          北海道釧路市○○         │
│  住　所　東京都練馬区光が丘○○                           │
│  振出人　紺野商店                石川商店                 │
│            紺　野　徹　也 印       石 川 浩 司 印         │
└─────────────────────────────────────────────────────────┘
```

2　手形の処理

(1) 約束手形の処理

手形の処理方法を理解するためには，取引全体の流れを把握したうえで，各々の人物に必要となる仕訳を考えていくことが有用である。前節で説明したように，約束手形は振出人と受取人との2者間での取引であり，この関係を図示すれば図表7－4のようになる。

実際の取引関係はより複雑であるが，ここでは各々の人物が行うべき仕訳を理解することが主眼であるため，かなり簡略化している。約束手形に関する簿記上の処理としては，①約束手形を振り出したとき，および②手形代金を支払ったとき（これを**決済**という）に仕訳を行う必要がある。

図表7－4　約束手形の取引関係

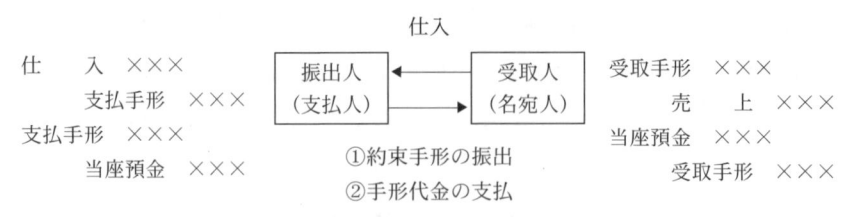

```
                          仕入
仕　　入　×××      ┌─────┐ ←──── ┌─────┐      受取手形　×××
　　支払手形　×××   │振出人│       │受取人│      　　売　　上　×××
支払手形　×××      │(支払人)│ ────→ │(名宛人)│      当座預金　×××
　　当座預金　×××   └─────┘       └─────┘      　　受取手形　×××
                     ①約束手形の振出
                     ②手形代金の支払
```

まず，振出人が受取人から商品の仕入を行い，約束手形を振り出した場合は以下のような仕訳となる。

① 約束手形振出時の仕訳

　振出人　（借）仕　　　　入　×××　（貸）支　払　手　形　×××
　受取人　（借）受　取　手　形　×××　（貸）売　　　　　上　×××

簿記上，約束手形の振出しであっても支払手形勘定・受取手形勘定で処理することは，先に指摘したとおりである。振出人は，手形を振り出すことによって手形債務者となるため，その金額を**支払手形勘定**（負債勘定）の貸方に記入する。反対に，手形を受け取った受取人は手形債権者となるため，その金額を**受取手形勘定**（資産勘定）の借方に記入する。

次に，満期日が到来し振出人が手形代金を支払った場合は，以下のような仕訳となる。

② 手形代金決済時の仕訳

　振出人　（借）支　払　手　形　×××　（貸）当　座　預　金　×××
　受取人　（借）当　座　預　金　×××　（貸）受　取　手　形　×××

手形の決済は，取引銀行の当座預金口座を通じて行うのが一般的である。振出人は，手形代金を決済したことで手形債務が消滅するので，支払手形勘定の借方に記入するとともに，当座預金勘定の貸方に記入する。受取人は，回収した手形代金を当座預金勘定の借方に記入するとともに，手形債権が消滅するため，受取手形勘定の貸方に記入する。振出人が現金で決済を行った場合は，当座預金勘定ではなく現金勘定を使用する。

以上のように，振出人と受取人は反対の仕訳を行うこととなるので，約束手

形振出時・手形代金決済時のそれぞれにおいて，両者の仕訳を同時に考えるのがよい。

> 例題 7 – 1
>
> 次の取引に関して，加護商店・松浦商店それぞれの仕訳を示しなさい。
> ① 加護商店は，松浦商店から商品¥450,000を仕入れ，代金として約束手形¥450,000を振り出して支払った。
> ② 松浦商店は，取引銀行に取立てを依頼しておいた加護商店振出しの約束手形¥450,000が当座預金に入金された旨の通知を受けた。

解　答

① 約束手形振出時の仕訳
　　加護商店　（借）仕　　　　入　450,000　（貸）支 払 手 形　450,000
　　松浦商店　（借）受 取 手 形　450,000　（貸）売　　　　上　450,000
② 手形代金決済時の仕訳
　　加護商店　（借）支 払 手 形　450,000　（貸）当 座 預 金　450,000
　　松浦商店　（借）当 座 預 金　450,000　（貸）受 取 手 形　450,000

解　説

① 加護商店が振り出したのは約束手形であるが，仕訳は支払手形勘定・受取手形勘定を用いて行う。
② 実際に入金が確認された時点で仕訳を行う。本問では取引銀行を通じて決済されているため，加護商店は当座預金の減少となる。

(2) 為替手形の処理

為替手形は，振出人，支払人および受取人の3者間の関係となるためやや複雑であるが，これを図示すれば図表7－5のようになる。仕訳は，約束手形と同様に，①為替手形を振り出したとき，および②手形代金を支払ったときに行う必要がある。

図表7-5 為替手形の取引関係

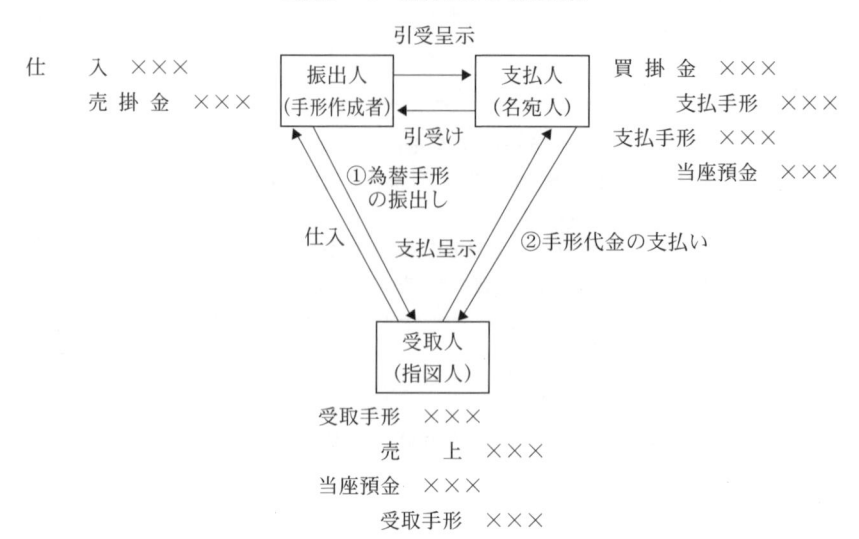

```
                           引受呈示
仕  入 ×××        ┌──────┐ → ┌──────┐       買 掛 金 ×××
売 掛 金 ×××       │ 振出人 │   │ 支払人 │       支払手形 ×××
                  │(手形作成者)│ ← │(名宛人) │      支払手形 ×××
                  └──────┘   └──────┘       当座預金 ×××
                         引受け
                    ①為替手形
                      の振出し
                  仕入    支払呈示   ②手形代金の支払い
                         ┌──────┐
                         │ 受取人 │
                         │(指図人)│
                         └──────┘
                  受取手形 ×××
                     売  上 ×××
                  当座預金 ×××
                     受取手形 ×××
```

為替手形の処理を理解するためには，約束手形と同様に取引の流れを把握しておくことが必要である。

振出人（手形作成者）は，受取人（指図人）となる人物から商品の仕入を行い，為替手形を振り出す。第1節で説明したように，為替手形の特徴は，手形代金を実際に支払うのは振出人本人ではなく支払人（名宛人）となることである。したがって，振出人は為替手形を振り出す前に支払人となる人物に対して引受呈示をし，**引受け**の了承を得ていることが必要となる。為替手形を受け取った受取人は支払呈示を行い，支払人が手形代金の支払いを行うことで一連の為替取引は終了する。なお，約束手形の名宛人は受取人を意味していたが，為替手形における名宛人は支払人を意味するので注意を要する。そのため，本章では，支払人・受取人を主たる用語として説明を行っている。

まず，振出人が受取人から商品の仕入を行い，為替手形を振り出した場合は以下のような仕訳となる。

① 為替手形振出時の仕訳

振出人 （借）仕　　入　×××　　（貸）売　掛　金　×××

支払人　（借）買　掛　金　×××　　（貸）支 払 手 形　×××
　　受取人　（借）受 取 手 形　×××　　（貸）売　　　上　×××
　為替手形の処理でポイントとなるのは，振出時における振出人と支払人の仕訳である。振出人の仕訳をみると，手形を振り出した当事者であるにもかかわらず，貸方は支払手形勘定の増加ではなく売掛金勘定（資産勘定）の減少として処理されている。また，実際に手形代金を支払う支払人の仕訳をみると，貸方は支払手形勘定の増加，借方は買掛金勘定（負債勘定）の減少として処理されているのである。為替手形振出時の仕訳は，振出人の貸方売掛金，支払人の借方買掛金という処理を理解する必要がある。

　ここで重要なのは，そもそも支払人となる人物は，為替手形にかかわる取引の開始時点でなぜ振出人の引受呈示を受けたのかである。結論からいえば，振出人と支払人との間には，もともと為替手形取引を行う以前に債権債務関係が生じていたのである。この関係を仕訳で示せば，以下のようになる。

　　振出人　（借）売　掛　金　×××　　（貸）売 上 な ど　×××
　　　　　　　　－支払人に対する－
　　支払人　（借）仕 入 な ど　×××　　（貸）買　掛　金　×××
　　　　　　　　　　　　　　　　　　　　　　　　－振出人に対する－

　振出人は，支払人に対して債権を有しており，反対に支払人は，振出人に対して債務を負っているのである。この関係を前提とすれば，為替手形振出時の振出人と支払人における以下の仕訳を理解するのは容易である。

　　振出人　（借）仕　　　入　×××　　（貸）売 掛 金　×××
　　　　　　　　　　　　　　　　　　　　　　－支払人に対する－
　　支払人　（借）買　掛　金　×××　　（貸）支 払 手 形　×××
　　　　　　　　－振出人に対する－

　すなわち，振出人の仕訳で減少した売掛金は支払人に対するものであり，支払人の仕訳で減少した買掛金は振出人に対するものなのである。これらのポイントを振出人・支払人の立場からまとめれば，以下のようになる。

　■　為替手形の振出人は，支払人に対して有している債権（支払人からみれば

買掛金）を減少させるとともに，為替手形を引き受けてもらうことで，自分に代わって受取人への支払いを行ってもらう。

■　支払人は，手形を引き受けることで振出人に対する債務（振出人からみれば売掛金）は減少するが，新たに支払手形という債務が増加する。結果として，支払人にとっては債務の支払先が振出人から受取人に変更されただけということになる。

受取人は，振出人に対して商品を売り上げるとともに，対価として為替手形を受け入れているので，受取手形勘定の借方に記入する。

次に，満期日が到来し，支払人が手形代金を支払った場合は，以下のような仕訳となる。

②　手形代金決済時の仕訳

　　支払人　（借）支払手形　×××　　（貸）当座預金　×××
　　受取人　（借）当座預金　×××　　（貸）受取手形　×××

為替手形の決済は，支払人と受取人との間で行われる。振出人は，手形を振り出した本人であるが，もともと手形債務が発生していないため，決済時に仕訳を行う必要はない。

例題7－2

次の取引に関して，安倍商店・後藤商店・石川商店それぞれの仕訳を示しなさい。
①　安倍商店は，後藤商店に商品￥350,000を掛で売り渡した。
②　安倍商店は，石川商店より商品￥300,000を仕入れ，代金は売掛金のある得意先後藤商店宛の為替手形を振り出すこととし，同店の引受けを得て石川商店に渡した。
③　石川商店は，取立てを依頼しておいた安倍商店振出しの為替手形￥300,000が当座預金に入金された旨の通知を取引銀行から受けた。

解　答

①　掛仕入時の仕訳

　　安倍商店　（借）売　掛　金　350,000　　（貸）売　　　上　350,000
　　後藤商店　（借）仕　　　入　350,000　　（貸）買　掛　金　350,000

② 為替手形振出時の仕訳
安倍商店　（借）仕　　　入　300,000　（貸）売　掛　金　300,000
後藤商店　（借）買　掛　金　300,000　（貸）支　払　手　形　300,000
石川商店　（借）受　取　手　形　300,000　（貸）売　　　　上　300,000
③ 手形代金決済時の仕訳
後藤商店　（借）支　払　手　形　300,000　（貸）当　座　預　金　300,000
石川商店　（借）当　座　預　金　300,000　（貸）受　取　手　形　300,000

解　説

① 通常の掛仕入取引である。
② 為替手形の場合，振出人と支払人との間では債権債務の相殺が行われるので，手形債務は支払人に発生する。
③ 手形代金の決済は，手形債務者である支払人と手形債権者である受取人との間で行われるので，振出人は仕訳を行う必要がない。

(3) 特殊な為替手形

為替手形は，これまで3者間（振出人，支払人，受取人）の関係として説明してきたが，この条件に合致しない特殊な為替手形がある。

第1は，**自己宛為替手形**である。図表7－6に示したように，自己宛為替手形の特徴は，振出人と支払人が同一人物となることである。為替手形を振り出した人物が支払人となるのであるから，約束手形と類似の効果を有することとなる。

図表7－6　自己宛為替手形

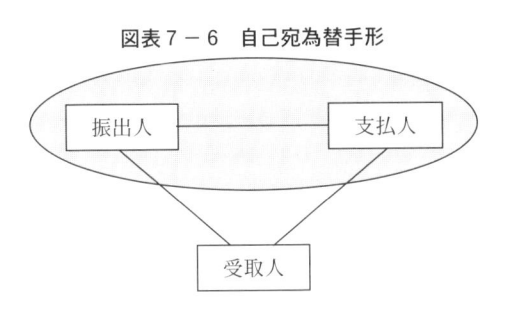

第2は，**自己指図為替手形**（自己受為替手形）である。図表7－7に示したように，自己指図為替手形の特徴は，振出人と受取人が同一人物となることである。振出人は，自己を受取人とするのであるから，この手形は得意先に対する売掛金などの債権をより強力に回収する目的で利用される。

図表7－7　自己指図為替手形

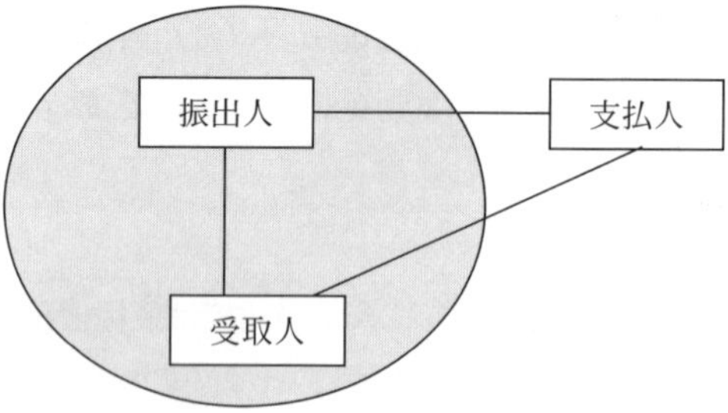

3 ■手形の裏書・割引

(1) 手形の裏書譲渡

第1節で説明したように，手形は証券の形態をとっているので，特に資金が困窮している場合などは現金の代わりに支払手段として充当することができる。

裏書譲渡とは，手形の裏面に署名・押印し，取引相手などに直接譲り渡すことをいう。図表7－8は，矢口商店が，所有していた為替手形を吉澤商店に裏書譲渡した場合の実例である。

図表7－8　手形の裏書

```
表記金額を下記被裏書人またはその指図人へお支払いください
平成〇年7月27日                            拒絶証書不要
住所　北海道釧路市
　　　矢口商店
　　　矢口　信一　㊞
（目的）
─────────────────────────────
被裏書人　吉澤商店                              殿
```

商品などを仕入れ，手持ちの手形を取引相手に裏書譲渡した場合の仕訳は以下のようになる。

① 裏書時の仕訳

　裏 書 人　（借）仕　　　入　×××　　（貸）受 取 手 形　×××

裏書人は，所有している手形を裏書譲渡するのであり，手形を振り出しているわけではないため，貸方は支払手形勘定（負債勘定）の増加ではなく**受取手形勘定**（資産勘定）の減少として処理する点に注意を要する。一方，手形を裏書譲渡された人物（被裏書人という）の仕訳は以下のようになる。

② 裏書時の仕訳

　被裏書人　（借）受 取 手 形　×××　　（貸）売　　　　上　×××

例題 7 − 3

次の取引に関して，飯田商店・保田商店の仕訳を示しなさい。
　飯田商店は，保田商店から商品¥620,000 を仕入れた。この代金のうち¥300,000 に関しては，所有していた約束手形を裏書譲渡し，残額は掛とした。

解　答

飯田商店　（借）仕　　　入　620,000　　（貸）受 取 手 形　300,000
　　　　　　　　　　　　　　　　　　　　　　買　掛　金　320,000
保田商店　（借）受 取 手 形　300,000　　（貸）売　　　　上　620,000
　　　　　　　　売　掛　金　320,000

解　説

飯田商店は，手形を振り出したわけではないので，受取手形の減少として処理する。

(2) 手形の割引

手形の割引とは，満期日前の手形を銀行などの金融機関に持ち込むことで資金の融通を受けることをいい，裏書譲渡の一種である。金融機関は，満期日前の現金化に応じる見返りとして，手形を割り引いた日から満期日までの期間に

相当する利息を割引料として手形金額から差し引き，残額を当座預金に振り込むこととなる。

手形所持者が，所有している手形を銀行で割り引いた場合の仕訳は以下のようになる。

割引時の仕訳

所持者　（借）当 座 預 金　×××　　（貸）受 取 手 形　×××
　　　　　　　手形売却損　×××

手形の割引は，事実上，手形を売却したと考えられるため，割引料は**手形売却損勘定**で処理する。

> 例題 7 − 4
>
> 次の取引の仕訳を示しなさい。
> 　紺野商店は，高橋商店より受け取っていた約束手形￥480,000 を取引銀行で割り引き，割引料￥2,000 を差し引かれ残額を当座預金とした。

【解　答】

紺野商店　（借）当 座 預 金　478,000　　（貸）受 取 手 形　480,000
　　　　　　　　手形売却損　　2,000

【解　説】

割引料は，手形売却損勘定で処理する。

これまでに説明してきた支払手形勘定・受取手形勘定の記入内容をまとめると，次のようになる。

① 約束手形・為替手形にかかわらず，手形を受け入れた場合は資産の増加として受取手形勘定の借方に記入する。

② 手形代金を回収した場合は，手形債権が減少するので受取手形勘定の貸方に記入する。

③ 裏書・割引を行った場合は，所有していた手形が減少するので，受取手形勘定の貸方に記入する。

④ 手形代金を支払った場合は，手形債務が減少するので支払手形勘定の借方に記入する。
⑤ 約束手形の振出し・為替手形の引受けを行った場合は，手形債務が増加するので支払手形勘定の貸方に記入する。

図表7－9　支払手形勘定・受取手形勘定の記入内容

受 取 手 形		支 払 手 形	
①約手の受入れ	②入金	④支払い	⑤約手の振出し
①為手の受入れ	③裏書・割引		⑤為手の引受け

4　■手形取引の記帳

(1)　受取手形記入帳

　手形取引が発生すると仕訳が行われ，総勘定元帳へ転記されるが，主要簿に記載される情報は財務諸表の作成に必要となる勘定科目に集約されている。したがって，個々の手形を厳密に管理するためには，より詳細な情報を記録しておく必要がある。

　受取手形記入帳は，手形債権の発生順に手形種類，手形番号，振出日，満期日などの明細を記録しておく補助簿である。図表7－10は，標準的な受取手形記入帳の雛型である。

　受取手形記入帳の場合，借方はすべて受取手形となるので，摘要欄には，売掛金，売上など貸方の相手勘定科目を記入する。手形種類欄は，約束手形であれば「約手」，為替手形であれば「為手」とする。約束手形の場合は，支払人と振出人は同一であるが，為替手形の場合は，支払人と振出人が異なるので注意する。顛末欄の摘要には，満期日到来による決済，裏書や金融機関への割引など，受取手形の減少理由を記入する。

図表7－10　受取手形記入帳

平成○年	摘要	金額	手形種類	手形番号	支払人	振出人または裏書人	振出日		満期日		支払場所	顛末		
							月	日	月	日		月	日	摘要

例題7－5

次の取引を仕訳し，受取手形記入帳に記入しなさい。

7月1日　辻商店に商品￥240,000を売り渡し，代金は全額同店振出しの約束手形（♯21）で受け取った（振出日；7月1日，満期日；7月31日，支払場所；東西銀行）。

7月5日　小川商店に対する売掛金￥100,000に関して，同店振出し，新垣商店宛の為替手形（♯42）を受け取った（振出日；7月5日，満期日；8月31日，支払場所；南北銀行）。

7月18日　小川商店から受け取った為替手形（♯42）￥100,000を銀行で割り引き，割引料￥2,000を差し引かれ，手取金は当座預金とした。

7月31日　辻商店振出しの約束手形（♯21）の入金がなされた旨，取引銀行より通知があった。

解答

7月1日　（借）受 取 手 形　240,000　　（貸）売　　　　上　240,000

　5日　（借）受 取 手 形　100,000　　（貸）売　掛　金　100,000

　18日　（借）当 座 預 金　 98,000　　（貸）受 取 手 形　100,000
　　　　　　　手形売却損　 2,000

　31日　（借）当 座 預 金　240,000　　（貸）受 取 手 形　240,000

受取手形記入帳

平成○年		摘要	金額	手形種類	手形番号	支払人	振出人または裏書人	振出日		満期日		支払場所	顛末		
								月	日	月	日		月	日	摘要
7	1	売　上	240,000	約手	21	辻商店	辻商店	7	1	7	31	東西銀行	7	31	入金
	5	売掛金	100,000	為手	42	新垣商店	小川商店	7	5	8	31	南北銀行	7	18	割引

解説

受取手形記入帳に記入すべき内容は，問題文から慎重に読み取る。為替手形を受け取った場合，振出人と支払人が異なることに注意する。顛末欄は，手形債権が消滅した時点で記入する。

(2) 支払手形記入帳

支払手形記入帳は，受取手形記入帳と同様に手形の明細を記録しておく補助簿である。図表7－11は，標準的な支払手形記入帳の雛型である。

図表7－11　支払手形記入帳

平成○年	摘要	金額	手形種類	手形番号	受取人	振出人	振出日		満期日		支払場所	顛末		
							月	日	月	日		月	日	摘要

支払手形記入帳の場合，貸方はすべて支払手形となるので，摘要欄には，買掛金，仕入など借方の相手勘定科目を記入する。顛末欄の摘要には，満期日到来による決済など，支払手形の減少理由を記入する。

5 ■金融手形の処理

(1) 金融手形

手形は，企業の営業活動にともなって発生するのが通常であるため，これを**商業手形**という。ところが，手形の利用はそれにとどまらず，金銭の貸借を目的として振り出される場合がある。借用証書の代わりとして約束手形や為替手形を振り出すのである。このような手形は，商業手形に対して**金融手形**といわれる。

(2) 手形貸付金・手形借入金

金融手形は金銭の貸借を目的としているので，これを商業手形と同様に処理

していたのでは，取引実態を正確に反映することができない。そこで，金融手形取引が生じた場合は，受取手形勘定・支払手形勘定ではなく，**手形貸付金勘定**（資産勘定）・**手形借入金勘定**（負債勘定）で処理する。約束手形によって金銭を貸し付けた場合は，以下のような仕訳になる。

　　　貸付人　（借）手形貸付金　×××　　（貸）現　　　金　×××
　　　借入人　（借）現　　　金　×××　　（貸）手形借入金　×××

例題 7 － 6

次の取引の仕訳を示しなさい。
① 松浦商店に￥500,000を貸し付け，同店振出しの約束手形（♯25）を受け取った。なお，利息￥6,000を差し引いた残額は小切手で支払った。
② 銀行から￥700,000を借り入れ，同額の約束手形（♯23）を振り出した。なお，利息￥9,000を差し引かれた手取金は当座預金とした。

解　答

① （借）手形貸付金　500,000　　（貸）当座預金　494,000
　　　　　　　　　　　　　　　　　　　受取利息　　6,000
② （借）当座預金　691,000　　（貸）手形借入金　700,000
　　　支払利息　　9,000

解　説

金銭の貸借を目的として手形の授受が行われているので，手形貸付金勘定・手形借入金勘定で仕訳する。

6 ■手形の更改

手形の更改とは，約束手形の振出人や為替手形の支払人が，満期日になっても手形代金の支払いを行うことができないため，手形受取人の了承を得て支払期日を延期してもらうことをいう。手形には満期日が記入されているため，手形の更改を行う場合は，旧手形を回収し，新手形を振り出すこととなる。期日延期にともなう利息に関しては，これを①直接授受する方法と，②新手形の金額に加算する方法がある。それぞれの仕訳は，次ページのようになる。

① 利息を直接授受する方法（受取人の仕訳）

（借）受 取 手 形（新手形） ×××　（貸）受 取 手 形（旧手形） ×××
　　　現　　　　金　　　×××　　　　受 取 利 息　　　×××

② 新手形の金額に加算する方法（受取人の仕訳）

（借）受 取 手 形（新手形） ×××　（貸）受 取 手 形（旧手形） ×××
　　　　　　　　　　　　　　　　　　　受 取 利 息　　　×××

【例題 7 － 7】

次の①，②それぞれの場合の仕訳を示しなさい。
　約束手形￥400,000について，手形の更改を受諾した。なお，期日延期にともなう利息￥10,000は，①現金で受け取った，②新手形の金額に加算した。

【解答】

① （借）受 取 手 形　400,000　（貸）受 取 手 形　400,000
　　　　現　　　　金　 10,000　　　　受 取 利 息　 10,000
② （借）受 取 手 形　410,000　（貸）受 取 手 形　400,000
　　　　　　　　　　　　　　　　　　　受 取 利 息　 10,000

【解説】

問題文が，期日延期にともなう利息をどのように処理するよう指示しているのか読み取る。

第8章
固 定 資 産

1 ■固定資産の分類

　資産は，流動資産と固定資産に大別される。流動資産は現金預金，売掛金，受取手形，商品など1年以内に現金化される資産である。これに対して固定資産は1年以上の長期にわたって使用するために保有する資産である。

　固定資産は，有形固定資産，無形固定資産および投資その他の資産に区分される。有形固定資産は建物，備品，車両運搬具，土地などであり，無形固定資産は特許権，営業権などである。また，投資その他の資産は投資有価証券，子会社株式，長期前払費用などである。

2 ■固定資産の取得

　固定資産を取得したときには，各勘定の借方にその取得原価を記入する。取得原価には固定資産に対して支払う購入代価にその取得にともなう付随費用を含める。付随費用は当該資産の目的とする使用に供するまでに要した費用をいい，仲介手数料，登記料，引取運賃，土地の整地費，機械の据付費などである。

取得原価＝購入代価＋付随費用

　固定資産の勘定には，建物，備品，車両運搬具，土地などの勘定があり，資産を取得したときに借方に記入する。**建物勘定**には，店舗，事務所，倉庫などを営業用に購入または新築したときに記入する。**備品勘定**には，営業用の机，いす，応接セット，陳列棚，複写機などの事務機器などを購入したときに記入

する。**車両運搬具勘定**には，営業用にトラック，乗用車などを購入したときに記入する。**土地勘定**は営業用の店舗用地，駐車場用地として土地を購入したときに記入する。たとえば，土地を購入した場合，以下のような仕訳となる。

　　　（借）土　　　　　地　×××　　（貸）現　金　な　ど　×××

例題 8 − 1

次の取引の仕訳を示しなさい。
① 店舗用の建物を¥200,000で購入し，仲介手数料¥25,000および登記料¥15,000とともに小切手を振り出して支払った。
② 営業用の自動車を購入し，代金¥50,000は小切手を振り出して支払った。
③ a）駐車場用地として土地（1,000㎡，@¥100／㎡）を購入し，仲介手数料¥10,000および登記料¥7,500とともに小切手を振り出して支払った。
　　b）上記土地を駐車場とするために整地し，代金として¥20,000を現金で支払った。

解答

①	（借）建　　　　物	240,000	（貸）当　座　預　金	240,000
②	（借）車　両　運　搬　具	50,000	（貸）当　座　預　金	50,000
③ a)	（借）土　　　　地	117,500	（貸）当　座　預　金	117,500
b)	（借）土　　　　地	20,000	（貸）現　　　　金	20,000

解説

固定資産の勘定科目から該当する科目を選択し，購入代価に利用に供するまでにかかった付随費用を加えて取得原価を算出し，この金額を該当する勘定の借方に記入する。

3 ■資本的支出（改良）と収益的支出（維持・修繕）

固定資産を使用している間には故障や破損にともなう支出が発生する。このような支出は資産の原状を維持し回復するためのもので**収益的支出**といい，**修繕費**という費用の勘定で処理する。これに対して改築や改装などで固定資産の

価値が増加したり，その耐用年数が延長したりする。このような場合には，価値増加ないし耐用年数の延長部分の支出を固定資産の勘定に記入する。このような支出を**資本的支出**という。たとえば，建物の改築により耐用年数が延長した場合，以下のような仕訳となる。

（借）建　　　　物　×××　　（貸）現　金　な　ど　×××

また，建物の一部破損を修理した場合は，以下のような仕訳となる

（借）修　繕　費　×××　　（貸）現　金　な　ど　×××

例題 8 － 2

次の取引の仕訳を示しなさい。
　建物の大修繕を行い，代金¥500,000 を小切手を振り出して支払った。ただし，¥100,000 は原状を回復する修繕であった。

解　答

　（借）建　　　　物　400,000　　（貸）当　座　預　金　500,000
　　　　修　繕　費　100,000

解　説

　固定資産の原状を回復する修繕や維持に対する支出は，修繕費として費用勘定で処理し，改良などの資本的支出に関する部分は固定資産の勘定に記入して固定資産の価値を高める。

4　減価償却

　土地を除く建物，備品，車両運搬具などの固定資産は，使用ないし時の経過などによって価値が減耗し，ついには使用できなくなる。このような価値減少を減価といい，この減価を認識して，各年度の減価額を見積計算し，固定資産の帳簿価額から費用として控除する手続きを**減価償却**という。この手続きによって控除した費用を**減価償却費**という。

(1) 減価償却の計算方法

減価償却の計算方法には，**定額法**，定率法，生産高比例法などがあるが，ここでは定額法について述べることとする。減価償却費の計算は，(1)**取得原価**，(2)**耐用年数**，(3)**残存価額**を計算要素とする。耐用年数は償却資産の利用期間であり，残存価額は償却資産が使用不能となったときの処分価額である。定額法は，耐用年数中の各期間に均等額の減価償却費を計上する方法であり，その減価償却費の計算式は次のようになる。

$$減価償却費（1年分）= \frac{取得原価 - 残存価額}{耐用年数}$$

(2) 減価償却の記帳方法

減価償却の記帳は，決算時に修正記入として行う。減価償却の記帳方法には，**直接法**と**間接法**がある。

① 直 接 法

直接法は，減価償却額を**減価償却費勘定**の借方側と固定資産の勘定の貸方側に記入することで，固定資産の勘定から直接控除する方法である。たとえば，建物について減価償却を行った場合，以下のような仕訳となる。

（借）減 価 償 却 費　×××　　（貸）建　　　　物　×××

図表8－1　減価償却（直接法）

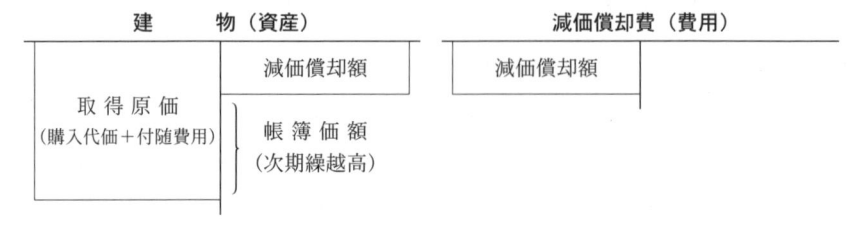

建　　物（資産）		減価償却費（費用）
取 得 原 価 (購入代価＋付随費用)	減価償却額 帳 簿 価 額 (次期繰越高)	減価償却額

② 間 接 法

間接法は，**減価償却累計額勘定**を設定し，その貸方側に記録しておき，固定資産の勘定からは直接には控除しない方法である。減価償却累計額勘定は，固

第8章　固定資産

定資産の勘定の貸方を意味し，その残高はそれまでの減価償却の累計を示している。また当該勘定は，固定資産の勘定から当該累計額を控除することで，直接法と同額の帳簿価額を示すことになり，当該資産の帳簿価額を評価することになる。このような性質をもつ勘定を**評価勘定**という。たとえば，建物について減価償却を行った場合，以下のような仕訳となる。

　　（借）減価償却費　×××　　（貸）建物減価償却累計額　×××

図表8－2　減価償却（間接法）

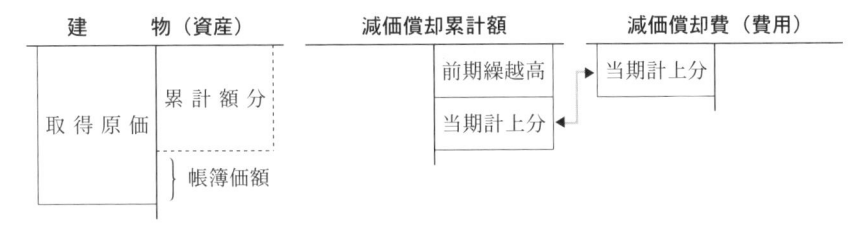

建　物（資産）	減価償却累計額	減価償却費（費用）
取得原価／累計額分／帳簿価額	前期繰越高／当期計上分	当期計上分

例題8－3

次の取引の仕訳を示しなさい。
　建物（取得原価¥500,000，残存価額は取得原価の10％，耐用年数5年）を減価償却（定額法）した。①直接法と②間接法それぞれの仕訳を示しなさい。

解答

① 直接法
　（借）減価償却費　　90,000　　（貸）建　　　物　　90,000
② 間接法
　（借）減価償却費　　90,000　　（貸）建物減価償却累計額　90,000

解説

① 直接法で記帳する場合，固定資産の勘定から直接に減価償却額を控除するので，その固定資産の勘定の貸方に記入する。したがって，固定資産の勘定にはその時点での帳簿価額が表示される。

② 間接法で記帳する場合，固定資産の勘定はそのままで，減価償却累計額勘定の貸方に減価償却額を記入する。したがって，固定資産の勘定には，取得時の金額がそのまま維持されることになり，減価償却累計額勘定の金額と一対で固定資産の帳簿価額を示すことになる。

5 ■固定資産の売却

固定資産は長期間使用することを目的として取得されるが，使用の途中で売却されることもある。固定資産を売却したときに売却価額と帳簿価額に差額がある場合，その差額を固定資産売却損益として処理する。

売却価額が帳簿価額より大きければ，売却益が発生しているので，その差額を**固定資産売却益勘定**に記入する。逆に，売却価額が帳簿価額より小さければ，売却損が発生しているので，その差額を**固定資産売却損勘定**に記入する。たとえば，備品を売却し，代金を月末に受け取ることにした場合，①直接法と②間接法の仕訳は，以下のようになる。

① 直 接 法

(売却額＞帳簿価額)

　　(借) 未　収　金　×××　　(貸) 備　　　　品　×××
　　　　　　　　　　　　　　　　　　固定資産売却益　×××

(売却額＜帳簿価額)

　　(借) 未　収　金　×××　　(貸) 備　　　　品　×××
　　　　固定資産売却損　×××

② 間 接 法

(売却額＞帳簿価額)

　　(借) 未　収　金　×××　　(貸) 備　　　　品　×××
　　　　備品減価償却累計額　×××　　　　固定資産売却益　×××

(売却額＜帳簿価額)

　　(借) 未　収　金　×××　　(貸) 備　　　　品　×××

備品減価償却累計額	×××		
固定資産売却損	×××		

> **例題8-4**
>
> 次の取引の仕訳を示しなさい。
> ① 建物（帳簿価額¥200,000）を¥150,000で売却し，代金は小切手で受け取り，ただちに当座預金に預け入れた。減価償却の記帳は直接法である。
> ② 営業用自動車（取得原価¥500,000，減価償却累計額¥450,000）を¥100,000で売却し，代金は月末に受け取ることにした。

解 答

①	(借)	当 座 預 金	150,000	(貸)	建　　　　　物	200,000
		固定資産売却損	50,000			
②	(借)	減価償却累計額	450,000	(貸)	車 両 運 搬 具	500,000
		未 収 金	100,000		固定資産売却益	50,000

解 説

① 建物勘定は直接法で減価償却を記帳しているので，帳簿価額が建物の評価額となり，帳簿価額と売却額を比較して固定資産売却損益を計算する。この場合は，帳簿価額より売却額が少ないので固定資産売却損が生じる。
② 車両運搬具勘定は間接法で記帳しているので，取得原価と減価償却累計額をそれぞれ減らす記入をする。これらの差額が帳簿価額であり，これと売却額を比較して固定資産売却損益を計算する。この場合は，帳簿価額より売却額が多いので固定資産売却益が生じる。

第9章
資　本　金

1　資　本

資本は，一般に，企業主の出資した額とそれを元本として運用して得られた利益の額から構成される。これは，資本等式（資産－負債＝資本）によって導出することができ，純資産を意味する。

資本に関する取引の処理方法は，企業形態によって異なるが，ここでは，個人企業における資本取引の処理方法を取り上げることとする。

2　資　本　金

個人企業の場合，法律上，その維持を要求される資本金額はない。個人企業では，**資本金勘定**を用いて出資額の増減変化を記録し，期末に純利益を貸方に記入する方法が採用されていることが多い（図表9－1）。

図表9－1　資本金勘定

資　本　金	
引　出　額	元　入　額
	追加元入額
次期繰越	当期純利益

(1) 資本の増加取引

資本を増加させる取引としては，開業時における企業主からの元入れ（出資）あるいは開業後の追加元入れ（追加出資）など，企業主が事業資金を提供する取引や当期純利益の計上などがあげられる。これらは，資本金勘定の貸方で処理する。なお，元入れは，土地や備品などによって行われる場合もある。たとえば，企業主が現金を元入れした場合，以下のような仕訳となる。

　　　　（借）現　　　　金　×××　　（貸）資　　本　　金　×××

例題9－1

次の取引の仕訳を示しなさい。
① 中野商店は，現金¥1,500,000を元入れして営業を開始した。
② 佐藤商店は，事業を拡張するため，現金¥500,000を追加元入れした。
③ 決算にあたり，当期純利益¥150,000を損益勘定から資本金勘定へ振り替えた。

解答

① （借）現　　　　金　1,500,000　（貸）資　　本　　金　1,500,000
② （借）現　　　　金　　 500,000　（貸）資　　本　　金　　 500,000
③ （借）損　　　　益　　 150,000　（貸）資　　本　　金　　 150,000

(2) 資本の減少取引

資本を減少させる取引としては，企業主による資本の引出しや当期純損失の計上などがあげられる。資本の引出しは，企業主が事業資産を私的に消費する取引であり，家計が負担すべき地代や家賃，電気代，固定資産税などを企業が支払う場合が想定される。これらは資本金勘定の借方で処理する。たとえば，企業主が私用のため現金を引き出した場合，以下のような仕訳となる。

　　　　（借）資　　本　　金　×××　　（貸）現　　　　金　×××

第9章 資　本　金

> **例題9－2**
>
> 次の取引の仕訳を示しなさい。
> ① 企業主は，私用のため，現金¥50,000を引き出した。
> ② 企業主は，原価¥5,000の商品を私用に充てた。
> ③ 決算にあたり，当期純損失¥150,000を損益勘定から資本金勘定へ振り替えた。

解　答

①	(借) 資　本　金	50,000	(貸) 現　　　　金	50,000
②	(借) 資　本　金	5,000	(貸) 仕　　　　入	5,000
③	(借) 資　本　金	150,000	(貸) 損　　　　益	150,000

3　引　出　金

　企業主が企業の現金あるいは商品などを私用に充てることが頻繁な場合，そのつど，資本の減少額を資本金勘定に記入するとなると，当該勘定の記録が煩雑になってしまう。そこで，資本金勘定の記録の煩雑さを避けるため，**引出金勘定**を設けて，期中の引出額を当該勘定の借方に記入しておく方法がある。これによって，企業主が私用に充てた金額を把握することも可能となる。たとえば，企業主が私用のため現金を引き出した場合，以下のような仕訳となる。

　　　(借) 引　出　金　×××　　(貸) 現　　　　金　×××

　なお，引出金勘定の残高は，決算のさい，資本金勘定の借方に振り替える必要がある（図表9－2）。

図表9－2　資本金勘定と引出金勘定

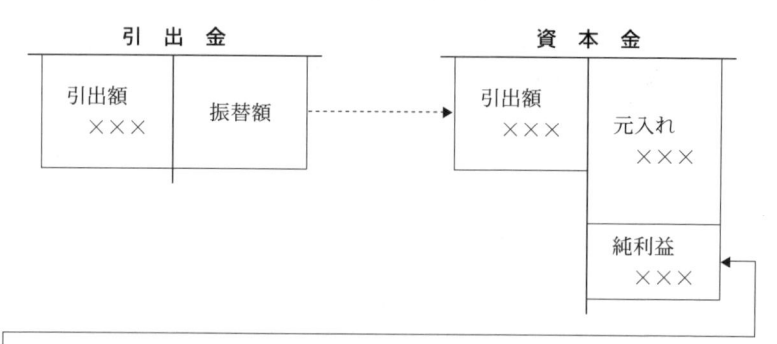

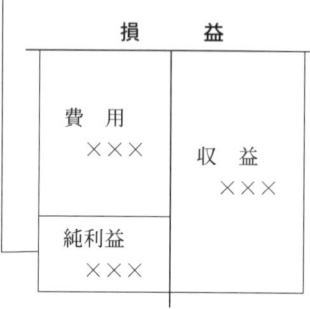

```
       引　出　金                          資　本　金
 ┌──────┬──────┐              ┌──────┬──────┐
 │引出額  │振替額 │ ─ ─ ─ ─ ─ ▶│引出額  │元入れ │
 │×××   │       │              │×××   │×××  │
 │        │       │              ├──────┤      │
 │        │       │              │       │      │
 │        │       │              ├──────┼──────┤
 │        │       │              │       │純利益│
 │        │       │              │       │×××  │◀─┐
 └──────┴──────┘              └──────┴──────┘  │
                                                       │
       損　　　益                                       │
 ┌──────┬──────┐                                │
 │費　用 │収　益 │                                  │
 │×××   │×××  │                                  │
 ├──────┤       │                                  │
 │純利益 │       │ ────────────────────────┘
 │×××   │       │
 └──────┴──────┘
```

例題9－3

次の取引の仕訳を示しなさい。
① 企業主は，原価￥50,000の商品を私用に充てた。
② 企業主は，電話代￥12,000を現金で支払った。ただし，このうち￥5,000は家計の負担すべき金額である。
③ 決算にあたり，引出金勘定の残高￥55,000を資本金勘定に振り替えた。
④ 決算にあたり，当期純利益￥100,000を損益勘定から資本金勘定に振り替えた。

解　答

① （借）引　出　金　　50,000　（貸）仕　　　入　　50,000
② （借）通　信　費　　 7,000　（貸）現　　　金　　12,000
　　　　引　出　金　　 5,000

第9章 資　本　金

③ （借）資　本　金　55,000　（貸）引　出　金　55,000
④ （借）損　　　益　100,000　（貸）資　本　金　100,000

解説

② 電話代¥12,000のうち¥7,000は，企業が負担すべき金額であるため，通信費として処理する。しかし，残りの¥5,000は，家計が負担すべき金額であるため，引出金として処理する。

第 10 章
経　過　勘　定

1 ■費用・収益の繰延べと見越し

　期中において記録・集計された費用・収益の諸勘定は，決算のときに損益勘定に振り替え，純損益を計算する。しかし，保険料・地代家賃や受取利息・受取地代などの諸勘定の中には，収入や支出があったときすでに記入されていても，次期以降に属する分が含まれていることがある。また，収入や支出がないために記入されていなくても，当期の費用・収益として計上しなければならないものもある。このような場合には，正しい純損益を計算するために，決算にあたり，次期以降に属する費用・収益は当期の損益計算から除外する必要がある。これを**費用・収益の繰延べ**という。また，当期に属する費用・収益は当期の損益計算に含める必要がある。これを**費用・収益の見越し**という。

　収益・費用の見越し，繰延べの処理に設けられる勘定は，期末に一時経過的に設けられるので，これを**経過勘定**という。

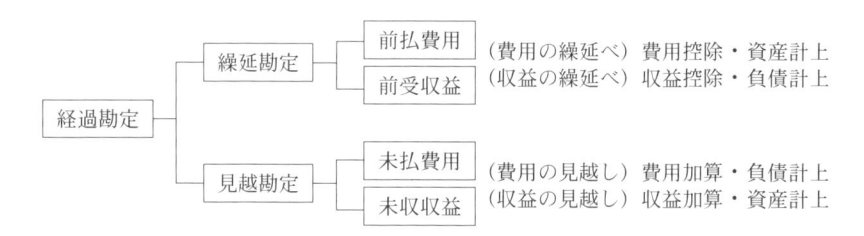

```
                 ┌─ 繰延勘定 ┬─ 前払費用   （費用の繰延べ）費用控除・資産計上
                 │          └─ 前受収益   （収益の繰延べ）収益控除・負債計上
    経過勘定 ────┤
                 │          ┌─ 未払費用   （費用の見越し）費用加算・負債計上
                 └─ 見越勘定┴─ 未収収益   （収益の見越し）収益加算・資産計上
```

2 ■費用の繰延べ

　保険料・支払利息などの当期の費用として支払った金額のうち，次期以降に属する分は，決算にあたり，これらの費用の勘定から差し引くとともに前払保険料・前払利息などの資産の勘定を設けて，その勘定の借方に記入する。これを**費用の繰延べ**という。このように資産として次期に繰り越す前払分を前払費用という。前払費用は，次期にはその期の費用となるから，次期の最初の日付で，もとの費用勘定に再振替する。

例題 10 － 1

次の取引を仕訳するとともに転記しなさい。
① 　5月 1 日　火災保険料 1 年分￥24,000 を現金で支払った。
② 　12 月 31 日　決算にあたり，上記保険料のうち前払分￥8,000 を次期に繰り延べた。
③ 　12 月 31 日　保険料の当期分￥16,000 を損益勘定に振り替えた。
④ 　1 月 1 日　前払保険料￥8,000 を保険料勘定に再振替した。

解　答

①	(借)	保　　険　　料	24,000	(貸)	現　　　　　金	24,000
②	(借)	前 払 保 険 料	8,000	(貸)	保　　険　　料	8,000
③	(借)	損　　　　　益	16,000	(貸)	保　　険　　料	16,000
④	(借)	保　　険　　料	8,000	(貸)	前 払 保 険 料	8,000

保　険　料

5/1	現　　　金	24,000	12/31	前払保険料	8,000
			〃	損　　益	16,000
		24,000			24,000
1/1	前払保険料	8,000			

前払保険料

12/31	保　険　料	8,000	12/31	次 期 繰 越	8,000
1/1	前 期 繰 越	8,000	1/1	保　険　料	8,000

第 10 章 経 過 勘 定

解説

上記の取引を図に示すと，次のようになる。

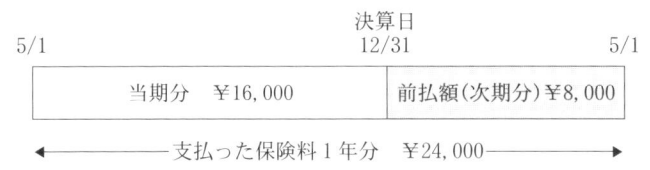

```
                      決算日
5/1                   12/31                    5/1
    ┌─────────────────┬──────────────────┐
    │ 当期分 ¥16,000  │ 前払額(次期分)¥8,000 │
    └─────────────────┴──────────────────┘
    ←────── 支払った保険料 1 年分  ¥24,000 ──────→
```

支払った保険料（1 年分）の 4 カ月分は，次期分として保険料勘定から前払保険料勘定（資産）の借方に振り替える。

費用の繰延べには，前払費用のほかに消耗品の未使用分についても同様に行われている。事務用品を買い入れたとき，**消耗品費勘定**の借方に記入する。そして，期末に未使用分があれば，その金額を消耗品費勘定から差し引くとともに消耗品勘定（資産）を設けて，その借方に振り替え，次期に繰り延べる。

例題 10 − 2

次の取引を仕訳するとともに転記しなさい。
① 6 月 5 日 文房具 ¥30,000 を買い入れ，代金は現金で支払った。
② 12 月 31 日 決算にあたり，消耗品の未使用分 ¥20,000 を次期に繰り延べた。
③ 12 月 31 日 消耗品費の当期分 ¥10,000 を損益勘定に振り替えた。
④ 1 月 1 日 消耗品 ¥20,000 を消耗品費勘定に再振替した。

解答

①	（借）消 耗 品 費	30,000	（貸）現　　　　金	30,000
②	（借）消　耗　品	20,000	（貸）消 耗 品 費	20,000
③	（借）損　　　　益	10,000	（貸）消 耗 品 費	10,000
④	（借）消 耗 品 費	20,000	（貸）消　耗　品	20,000

消 耗 品 費

```
6/5 現    金  30,000 │ 12/31 消  耗  品  20,000
                     │   〃   損     益  10,000
             ─────── │                ───────
             30,000  │                30,000
1/1 消 耗 品 20,000  │
```

消 耗 品

12/31 消耗品費	20,000	12/31 次期繰越	20,000
1/1 前期繰越	20,000	1/1 消耗品費	20,000

解説

消耗品￥30,000を買い入れたとき，費用として消耗品費勘定に記入する。決算時に，未使用高￥20,000は消耗品勘定（資産）へ振り替える。その結果，消耗品費勘定の残高は，￥10,000となり，当期の消耗品費を示す。

事務用品を買い入れたとき，消耗品勘定（資産）勘定の借方に記入し，期末に当期使用分を消耗品費勘定に計上する会計処理もある。この場合は，翌期の再振替仕訳は行わない。

例題10－2をこの処理法により仕訳を解答すると，次のようになる。

① （借）消　耗　　品　　30,000　　（貸）現　　　　金　30,000
② （借）消　耗　品　費　10,000　　（貸）消　耗　　品　10,000
③ （借）損　　　　益　　10,000　　（貸）消　耗　品　費　10,000
④ 仕訳なし

3 ■収益の繰延べ

受取利息・受取家賃などの当期の収益として受け取った金額のうち，次期以降に属する分は，決算にあたり，これらの勘定から差し引くとともに，前受利息・前受家賃などの負債の勘定を設けて，その勘定の貸方に記入する。これを**収益の繰延べ**という。このように負債として次期に繰り越す前受分を前受収益という。

前受収益は，次期にはその期の収益になるから，次期の最初の日付で，もとの収益勘定に再振替する。

例題 10－3

次の取引を仕訳するとともに,転記しなさい。
① 12月1日 店舗を月額¥80,000の家賃で賃貸することにし,家賃3カ月分を現金で受け取った。
② 12月31日 決算にあたり,上記地代のうち前受分を次期に繰り延べた。
③ 12月31日 受取家賃の当期分を損益勘定に振り替えた。
④ 1月1日 前受家賃を受取家賃勘定に再振替した。

解 答

①	(借)現　　　　金	240,000	(貸)受　取　家　賃	240,000
②	(借)受　取　家　賃	160,000	(貸)前　受　家　賃	160,000
③	(借)受　取　家　賃	80,000	(貸)損　　　　益	80,000
④	(借)前　受　家　賃	160,000	(貸)受　取　家　賃	160,000

受 取 家 賃

12/31 前受家賃	160,000	12/1 現　　金	240,000
〃 損　益	80,000		
	240,000		240,000
		1/1 前受家賃	160,000

前 受 家 賃

12/31 次期繰越	160,000	12/31 受取家賃	160,000
1/1 受取家賃	160,000	1/1 前期繰越	160,000

解 説

上記の取引を図に示すと,次のようになる。

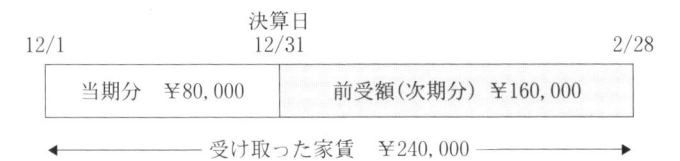

```
        決算日
12/1    12/31                      2/28
 ├─────────┼──────────────────┤
 │ 当期分 ¥80,000 │ 前受額(次期分) ¥160,000 │
 └─────────┴──────────────────┘
 ◄────────受け取った家賃 ¥240,000────────►
```

受け取った家賃(3カ月分)の2カ月分は,次期分として受取家賃勘定から前受家賃勘定(負債)の貸方に振り替える。

4 ■費用の見越し

　支払利息・支払地代などの費用の諸勘定のうち，まだ支払っていなくても，当期の費用として発生している場合には，その分をこれらの勘定に加えるとともに，未払利息・未払地代などの負債の勘定を設けて，その勘定の貸方に記入する。これを**費用の見越し**という。このように負債として次期に繰り越す未払分を未払費用という。未払費用は，次期の最初の日付で，もとの費用の勘定に再振替する。これは，あとで支払ったとき前期の支払分と当期の支払分とを区別しないで，全額を費用の勘定に記入できるようにするためである。

例題 10 − 4

次の取引を仕訳するとともに転記しなさい。
① 12月31日　決算にあたり，当期の地代未払額¥12,000を計上した。
②　　〃　　　支払地代の当期分¥144,000を損益勘定に振り替えた。
③　1月 1日　未払地代¥12,000を支払地代勘定に再振替した。
④　2月 1日　地代¥36,000を現金で支払った。

解答

① （借）支 払 地 代　12,000　（貸）未 払 地 代　12,000
② （借）損　　　　益　144,000　（貸）支 払 地 代　144,000
③ （借）未 払 地 代　12,000　（貸）支 払 地 代　12,000
④ （借）支 払 地 代　36,000　（貸）現　　　　金　36,000

```
                        支 払 地 代
      （既 払 分）    132,000 │ 12/31 損      益    144,000
      12/31 未払地代   12,000 │
                      ─────── │                     ───────
                      144,000 │                     144,000
       2/1 現    金    36,000 │  1/1 未 払 地 代    12,000

                        未 払 地 代
      12/31 次期繰越   12,000 │ 12/31 支 払 地 代   12,000
       1/1 支払地代    12,000 │  1/1 前 期 繰 越   12,000
```

第10章 経 過 勘 定

解説
上記の取引を図に示すと，次のようになる。

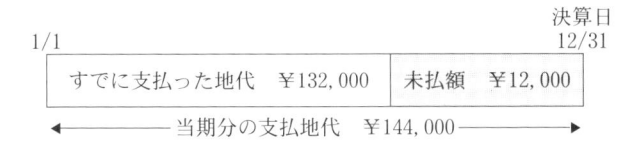

```
           1/1                              決算日
                                            12/31
        ┌──────────────────────┬──────────────┐
        │ すでに支払った地代 ¥132,000 │ 未払額 ¥12,000 │
        └──────────────────────┴──────────────┘
        ◄────── 当期分の支払地代 ¥144,000 ──────►
```

決算時に未払分は，支払地代勘定の借方に記入するとともに未払地代勘定（負債）の貸方に記入する。

5 収益の見越し

受取利息・受取地代などの収益の諸勘定のうち，まだ収入がなくても，当期の収益として発生している場合には，その分をこれらの勘定に加えるとともに，未収利息・未収地代などの資産の勘定を設けて，その勘定の借方に記入する。これを**収益の見越し**という。このように資産として次期に繰り越す未収分を未収収益という。未収収益は，次期の最初の日付でもとの収益の勘定に再振替する。これは，あとで受け取ったとき，前期分と当期分を区別しないで，全額を収益の勘定に記入できるようにするためである。

例題 10 － 5

次の取引を仕訳するとともに転記しなさい。
① 12月31日 決算にあたり，当期の利息未収額￥12,000を計上した。
② 〃 受取利息の当期分￥48,000を損益勘定に振り替えた。
③ 1月 1日 未収利息￥12,000を受取利息勘定に再振替した。
④ 3月31日 利息￥24,000を現金で受け取った。

解答

① （借）未 収 利 息　12,000　（貸）受 取 利 息　12,000
② （借）受 取 利 息　48,000　（貸）損　　　　益　48,000
③ （借）受 取 利 息　12,000　（貸）未 収 利 息　12,000

④ (借) 現　　　　金　24,000　(貸) 受　取　利　息　24,000

受 取 利 息

12/31 損　　益	48,000	(既収分)	36,000
		12/31 未 収 利 息	12,000
	48,000		48,000
1/1 未 収 利 息	12,000	3/31 現　　金	24,000

未 収 利 息

12/31 受 取 利 息	12,000	12/31 次 期 繰 越	12,000
1/1 前 期 繰 越	12,000	1/1 受 取 利 息	12,000

解説

上記の取引を図に示すと，次のようになる。

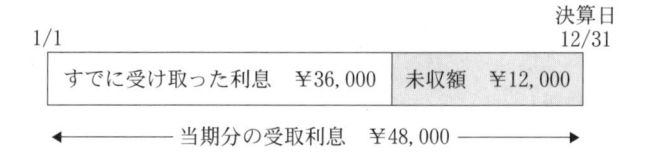

```
                                            決算日
   1/1                                      12/31
       ┌─────────────────────┬──────────────┐
       │ すでに受け取った利息 ￥36,000 │ 未収額 ￥12,000 │
       └─────────────────────┴──────────────┘
       ←────── 当期分の受取利息　￥48,000 ──────→
```

決算時に未収分は，受取利息勘定の貸方に記入するとともに未収利息勘定（資産）の借方に記入する。

第11章
税　　　　　金

1 ■個人企業の税金

　個人企業が納税する税金には，所得税，住民税，事業税，固定資産税，印紙税などがある。これらの税金は，国が課する税金（国税）と都道府県，市町村などの地方自治体が課する税金（地方税）に分類される。また，簿記上，次の2つの種類に分けて処理される。(1)費用として処理できない税金，(2)費用として処理できる税金

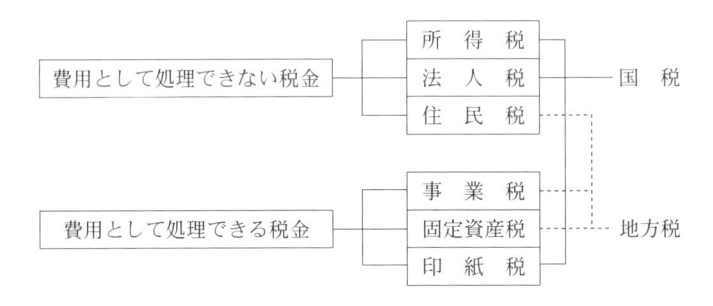

```
                      ┌─所　得　税─┐
費用として処理できない税金─┼─法　人　税─┼─国　税
                      └─住　民　税─┤
                                  ┊
                      ┌─事　業　税─┤
費用として処理できる税金──┼─固定資産税─┼─地方税
                      └─印　紙　税─┘
```

2 ■所　得　税

　個人企業を営んでいる者は，毎年1月1日から12月31日の1年間にその事業から得た利益，預貯金などからの利子収入や株式投資からの配当収入などからの所得に対する税金を納めなければならない。このような税金を**所得税**という。

　所得税は，翌年の2月16日から3月15日までに税務署に申告して納付する。

これを確定申告という。予定納税制度によるときは，前年度の所得をもとに計算した税額の3分の1ずつを7月と11月にあらかじめ納付し，翌年の確定申告のときに確定税額と予定税額との差額を納める。

所得税は，事業所得を計算するうえで費用として認められないので，これを納付したときは引出金勘定（または資本金勘定）の借方に記入する。

例題 11 − 1

次の取引の仕訳をしなさい。
① 7月20日　予定納税制度にもとづいて，所得税の本年度1期分￥80,000を店の現金で納付した。
② 11月10日　所得税の本年度第2期分￥80,000を店の現金で納付した。
③ 3月15日　確定申告を行い，本年の所得税は￥340,000となり，第1期および第2期の予定納税額￥160,000を差し引き，￥180,000を店の現金で納付した。

解答

①	（借）引　出　金	80,000	（貸）現　　　金	80,000
②	（借）引　出　金	80,000	（貸）現　　　金	80,000
③	（借）引　出　金	180,000	（貸）現　　　金	180,000

解説

所得税は，事業主個人に課せられる税金であるから家計の支出になる。これを事業の現金で支払うと，事業主が事業の現金を私用したことになるので，事業の資本が減少することになる。

3　住　民　税

住民税は，その地域の住民に課されるもので，その税額は，各個人に均等に課せられる均等割額と前年の所得にもとづいて課される所得割額を合計した額である。住民税は，6月，8月，10月および翌年の1月の4期に分けて納付する。住民税も費用として認められないので，納付したときは引出金勘定の借方に記入する。

例題 11 − 2

次の取引の仕訳をしなさい。
① 6月25日　住民税の第1期分¥43,000を店の現金で納付した。

解答

① (借)引　出　金　43,000　(貸)現　　　金　43,000

解説

住民税も家計から支払うべきものであるから，事業の現金などで納めたときは，引出金勘定（または資本金勘定）の借方に記入する。

4 ■ 事　業　税

事業税は，個人が商品の販売その他の事業を営んでいる場合に，その事業に対して課せられる税金である。その納税額は，前年度の事業所得などをもとに計算して，8月と11月の2期に分けて納付する。

事業税は，事業所得を計算するうえで，費用として認められるので，納付したとき事業税（または**租税公課**）勘定の借方に記入する。

例題 11 − 3

次の取引の仕訳をしなさい。
① 8月25日　事業税の第1期分¥12,000を店の現金で納付した。

解答

① (借)事　業　税　12,000　(貸)現　　　金　12,000
　　　（または租税公課）

解説

個人事業から得られた所得に対して課せられた税金である。

5 ■固定資産税

固定資産税は，土地，建物などの固定資産に課される税金である。毎年1月1日に所有している固定資産の評価額にもとづいて税額が決定され，6月，9月，12月と翌年の2月に分けて納付する。

固定資産税も，費用として認められるので，納付したときは，固定資産税（または租税公課）勘定の借方に記入する。

地方自治体の納税事務所から固定資産税の納税通知書を受け取ったとき，納税義務が確定する。このときに**未払税金勘定**（負債勘定）を用いて処理してもよい。

例題 11 − 4

次の取引の仕訳をしなさい。
① 5月31日　固定資産税￥72,000の納税通知書を受け取った。ただし，未払税金勘定を用いて処理している。
② 6月20日　固定資産税の第1期分￥18,000を現金で納付した。

解答

① （借）固定資産税　72,000　（貸）未払税金　72,000
② （借）未払税金　18,000　（貸）現　　金　18,000

解説

地方自治体の納税事務所から固定資産税の納税通知書を受け取ったとき，納税義務が確定する。

6 ■印　紙　税

印紙税は，商品代金の領収書や商品売買契約書などを作成したり，手形を振り出したりするとき国に納める税金である。印紙税は，費用として計上することが認められており，収入印紙を購入したとき，租税公課（または印紙税）勘定の借方に記入する。

第 11 章 税　　金

> **例題 11 − 5**
>
> 次の取引の仕訳をしなさい。
> ①　郵便局で切手¥5,000 と収入印紙¥30,000 を現金で購入した。

解　答

①　(借) 通　信　費　　5,000　(貸) 現　　　　金　35,000
　　　　租 税 公 課　 30,000
　　　　（印　紙　税）

解　説

切手は通信費，収入印紙は租税公課として処理する。

第12章
帳簿組織・伝票

1 ■帳 簿 組 織

　企業が，会計処理を実施するために使用する帳簿を**会計帳簿**という。会計帳簿は，企業の経営成績（損益計算書）や財政状態（貸借対照表）を表示するために必要不可欠な**主要簿**と主要簿の記帳内容を詳細かつ補助的に記録し，経営管理に必要な資料を提供する**補助簿**に分けられている。

図表12－1　会　計　帳　簿

会計帳簿	主要簿	仕訳帳 総勘定元帳
	補助簿	補助元帳…商品有高帳・売掛金（得意先）元帳・買掛金（仕入先）元帳など 補助記入帳…仕入帳・売上帳・現金出納帳・小口現金出納帳・当座預金出納帳・受取手形記入帳・支払手形記入帳など

(1) 仕　訳　帳

　取引を仕訳する場合の帳簿を**仕訳帳**という。取引が発生した場合，まず仕訳帳に仕訳されるため，仕訳帳には，基礎資料が記録されている。また，仕訳帳は，取引の発生順記録簿であるため，経営活動の歴史的記録を明示するものである。

(2) 総勘定元帳

　総勘定元帳には，仕訳帳から転記される勘定口座すべてが開設されており，企業の資産・負債・資本・収益・費用の諸勘定があるため，簿記の基本となる帳簿といえる。貸借対照表や損益計算書は，総勘定元帳から作成される。

(3) 補助元帳

　企業活動が複雑になるにつれて，総勘定元帳も繁雑になってくる。たとえば，仕入先の数が増加すると，各仕入先の勘定だけで総勘定元帳がいっぱいになってしまう。そこで，総勘定元帳には，買掛金勘定に買掛金発生額の合計額を単一仕訳帳から転記し，仕入先補助元帳には，各仕入先別の口座に買掛金発生額を単一仕訳帳から転記する。総勘定元帳中の合計額は，仕入先補助元帳の中の合計額と一致するはずなので，これらを照合することで，総勘定元帳の中の勘定の検証が可能となる。

(4) 補助記入帳

　補助記入帳は，補助元帳同様，総勘定元帳の勘定の内容を詳細に記録する帳簿である。両者の違いは，補助記入帳は，補助元帳と違って，取引の記入が発生順に記録されていることである。

2 ■伝票会計

　帳簿組織には，大量に発生する取引を迅速に仕訳帳に記帳できるか，大量の仕訳帳記録をいかに迅速かつ効率的に総勘定元帳に転記できるかという問題がある。この問題をいかに解決するために考案された解決策の一つが，**伝票会計制度**である。

　伝票会計における**伝票**とは，取引内容を仕訳の形式または仕訳が可能な形式で記載されている紙片であり，会計伝票または経理伝票といわれるものである。会計伝票は，取引等の事実にもとづいて，その日付，事由，内容，金額，取引相手等を記入した**証憑**を基礎資料として記帳されている。証憑には，納品書，

第 12 章　帳簿組織・伝票

請求書，商品受領書，領収書などが含まれる。

　伝票会計は，どのような伝票を利用するかによって，**一伝票制**，**三伝票制**，**五伝票制**に分けられる。

(1) 一 伝 票 制

　一伝票制とは，**仕訳伝票**という1種類の伝票だけを使用して，すべての取引を記帳処理するものである。仕訳伝票とは，仕訳帳と同じ内容が記載でき，借方計上の勘定科目名と貸方計上の勘定科目名を記入する伝票である。一伝票制において，伝票は一取引ごとに1枚使用するため，取引数と伝票枚数は一致する。伝票には，取引の発生順に番号を記入しなければならない。この伝票を番号順につづり合わせることで，仕訳帳として利用できるようになる。

　一伝票制では，取引ごとに仕訳伝票を起票（伝票を作成すること）し，総勘定元帳と補助簿へ転記し，仕丁欄には伝票番号を記入する。

　一伝票制において，仕訳伝票から総勘定元帳への転記を個々の伝票ごとに行うことを**個別転記**という。しかし，取引件数が多い場合，個別転記は手数がかかり，誤って転記してしまうことがある。そこで，定期的に仕訳伝票をまとめ，各勘定科目別に借方と貸方の金額を集計した**仕訳集計表**を作成し，この表から総勘定元帳へ合計転記する方法がとられる。

図表 12 - 2　仕訳伝票から総勘定元帳への転記

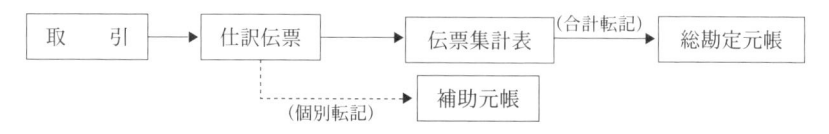

取　引　→　仕訳伝票　→　伝票集計表　→（合計転記）→　総勘定元帳
　　　　　　　　　┊（個別転記）→　補助元帳

　仕訳集計表を使用する場合は，仕訳伝票の元丁欄への記入はせず，総勘定元帳の仕丁欄には，仕訳集計表の番号を記入する。

例題12－1

次の取引を仕訳伝票に起票しなさい。
　平成×年4月5日相葉商店から商品￥120,000（A商品250個＠￥480）を仕入れ，代金のうち￥30,000は同店宛ての小切手＃012を振り出して支払い，残額は掛とした（No.34）。

解答

仕　訳　伝　票						No.34
平成×年4月5日						
勘定科目	元丁	借　方	勘定科目	元丁	貸　方	
仕　　入	21	120,000	当座預金	1	30,000	
			買　掛　金	12	90,000	
合　　計		120,000	合　　計		120,000	
摘　要	相葉商店A商品250個＠￥480　小切手＃012振り出す					

解説

起票方法は，以下のように行う。
① 取引の発生日を記入する。
② 起票順に番号を記入する。
③ 摘要には，取引先名，品名，数量，単価，支払条件を記入する。

(2) **三 伝 票 制**

　取引には，現金収支をともなう入金取引と出金取引，現金収支をともなわない振替取引がある。三伝票制は，このような取引分類に基づいて，入金取引は**入金伝票**（赤刷）に，出金取引は**出金伝票**（青刷）に，振替取引は**振替伝票**（黒刷または青刷）に記入する方法である。

　入金取引を仕訳すると，その借方科目はつねに「現金」になるため，入金伝票の勘定科目欄には，貸方の相手勘定科目欄だけが設けられている。したがって，仕訳は，貸方科目欄と金額だけを記入するだけでよい。取引によっては，貸方

科目が複数の場合がある。この場合には，1枚が1科目となるように取引を分類して，起票しなければならない。

　出金取引を仕訳すると，その貸方科目はつねに「現金」になるため，出金伝票の勘定科目欄には，借方の相手勘定科目欄だけが設けられている。したがって，仕訳は，借方科目欄と金額だけを記入するだけでよい。出金取引の場合も借方科目が複数の場合は，1枚が1科目となるように取引を分類して，起票しなければならない。

　入金取引と出金取引以外の取引については，振替伝票に起票する。振替伝票には，仕訳伝票と同様，借方計上の勘定科目名と貸方計上の勘定科目名を記入する。借方または貸方科目が複数の場合は，借方と貸方が一つの勘定科目となるように1枚ずつの起票を行う**1科目1葉（票）主義**をとる。振替伝票は，通常，中央部にミシン線が入っており，借方の振替伝票へ借方科目を，貸方の振替伝票へ貸方科目を記入後，借方・貸方を分離し，整理・集計できるようになっている。この場合，左側の部分を**借方票**，右側の部分を**貸方票**という。

　振替取引には，現金収支を全くともなわない**全部振替取引**と，一部に現金収支をともなう**一部振替取引**がある。全部振替取引は，仕訳伝票の場合と同じように記入すればよい。一部振替取引は，2つの起票方法がある。第1の方法は，取引を入出金の部分と振替えの部分に分解する方法で，入金額については，入金伝票を，出金額については出金伝票を起票し，残額については，全部振替取引と同様，振替伝票を起票する。この場合の仕訳は，以下のようになる。

　　　（借）現　　　金　×××　　（貸）売　　　上　×××　←入金伝票
　　　（借）売　掛　金　×××　　（貸）売　　　上　×××　←振替伝票

　第2の方法は，取引を擬制して，いったん全部振替取引が発生したとみなし，全額について振替えを起票した後，そのうち一部が入金取引または出金取引が発生したものとして，それに相当する金額について入金伝票または出金伝票を起票する。この場合の仕訳は，以下のようになる。

　　　（借）売　掛　金　×××　　（貸）売　　　上　×××　←振替伝票
　　　（借）現　　　金　×××　　（貸）売　掛　金　×××　←入金伝票

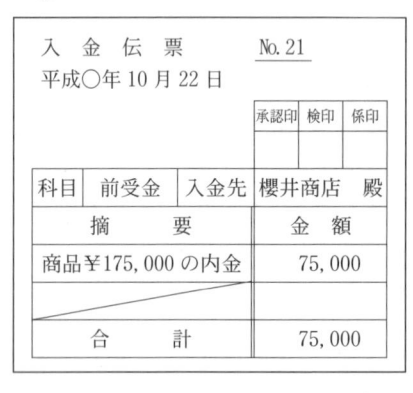

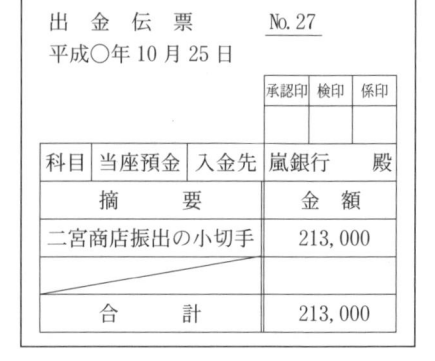

例題 12 − 2

次の取引を入金伝票, 出金伝票, 振替伝票に起票しなさい。
① 平成○年10月19日　大野商店から売掛金￥253,800の決済として同店振出し, 当店宛ての約束手形＃019を受け取った (No.49)。
② 平成○年10月22日　櫻井商店から商品￥175,000の注文を受け, 内金として￥75,000を現金で受け取った (No.21)。
③ 平成○年10月25日　かねて受け取っていた二宮商店振出しの小切手￥213,000を, 当座預金口座 (嵐銀行) に預け入れた (No.27)。

解　答

①

振替伝票（借方）平成○年10月19日		No.49
勘定科目	金　額	承認印
受 取 手 形	253,800	検 印
合　　　計	253,800	
摘要	大野商店よりの売掛金回収（約手＃019）	係 印

振替伝票（貸方）平成○年10月19日		No.49
勘定科目	金　額	承認印
売　掛　金	253,800	検 印
合　　　計	253,800	
摘要	大野商店より約手＃019受取り	係 印

②

入　金　伝　票				No.21		
				承認印	検印	係印
平成○年10月22日						
科目	前受金	入金先	櫻井商店			殿
摘　　要				金　額		
商品￥175,000の内金				75,000		
合　　　計				75,000		

③

出　金　伝　票				No.27		
				承認印	検印	係印
平成○年10月25日						
科目	当座預金	入金先	嵐銀行			殿
摘　　要				金　額		
二宮商店振出の小切手				213,000		
合　　　計				213,000		

第 12 章　帳簿組織・伝票

解説 ①

起票方法は，以下のように行う。

① 取引の発生日を記入する。
② 起票順に番号を記入する。
③ 摘要欄には，取引先名，支払条件を記入する。

起票時の仕訳は，以下のようになる。

　　　（借）受　取　手　形　253,800　　（貸）売　　掛　　金　253,800

解説 ②

起票方法は，以下のように行う。

① 取引の発生日を記入する。
② 起票順に番号を記入する。
③ 科目欄に相手勘定科目名（貸方科目），金額欄に入金額を記入する。
④ 摘要欄には，相手勘定科目名（前受金）の明細を記入する。

起票時の仕訳は，以下のようになる。

　　　（借）現　　　　　金　 75,000　　（貸）前　　受　　金　 75,000

解説 ③

起票方法は，以下のように行う。

① 取引の発生日を記入する。
② 起票順に番号を記入する。
③ 科目欄に相手勘定科目名（借方科目），金額欄に入金額を記入する。
④ 摘要欄には，相手勘定科目名（当座預金）の明細を記入する。

起票時の仕訳は，以下のようになる。

　　　（借）当　座　預　金　213,000　　（貸）現　　　　　金　213,000

例題 12 − 3

次の取引を①売上を分割する方法②売上をいったん全額，掛売上とする方法によって，各伝票（略式）に起票しなさい。
平成×年2月10日　渋谷商店へ商品¥200,000を売り上げ，代金のうち¥85,000を現金で受け取り，残額は掛とした。

解答

① 売上を分割する方法

入金伝票	
平成×年2月10日	
科　目	金　額
売　　上	85,000

振替伝票			
平成×年2月10日			
借方科目	金　額	貸方科目	金　額
売　掛　金	115,000	売　　上	115,000

解説 ①

（借）現　　　　金　85,000　　（貸）売　　　　上　85,000
（借）売　掛　金　115,000　　（貸）売　　　　上　115,000

解答

② 売上をいったん全額，掛売上とする方法

入金伝票	
平成×年2月10日	
科　目	金　額
売　掛　金	85,000

振替伝票			
平成×年2月10日			
借方科目	金　額	貸方科目	金　額
売　掛　金	200,000	売　　上	200,000

解説 ②

（借）売　掛　金　200,000　　（貸）売　　　　上　200,000
（借）現　　　　金　85,000　　（貸）売　掛　金　85,000

　起票された伝票は，総勘定元帳に転記される。このとき，1枚ごとに転記することを**個別転記**，1日分または1週間分の伝票をまとめて転記することを**合計転記**という。合計転記の場合，各伝票を**伝票集計表**に集計して，1日分または一定期間分をまとめて転記する方法と，伝票集計表の総計を**仕訳集計表**に集

計してから転記する方法の2つがある。三伝票制における総勘定元帳への転記は，伝票集計表から合計転記するのが一般的で，その手順を示せば，以下のようになる。

① 入金伝票の金額を合計し，これを伝票集計表の現金勘定の借方に記入する。
② 出金伝票の金額を合計し，これを伝票集計表の現金勘定の貸方に記入する。
③ 出金伝票と振替伝票の借方票を，勘定科目別に分類，集計し，伝票集計表の当該勘定科目の借方に記入する。
④ 入金伝票と振替伝票の貸方票を，勘定科目別に分類，集計し，伝票集計表の当該勘定科目の貸方に記入する。
⑤ 伝票集計表から，総勘定元帳の各勘定へ合計転記する。転記にあたっては，総勘定元帳の摘要欄には何も書かず，仕丁欄には伝票集計表の番号を記入する（仕訳集計表を作成する場合は，伝票集計表の科目と合計金額を仕訳集計表に記入し，その後，総勘定元帳の各勘定へ合計転記する。転記にあたっては，総勘定元帳の仕丁欄には仕訳集計表の番号を記入する）。

図表12－3　三伝票制における記帳関係

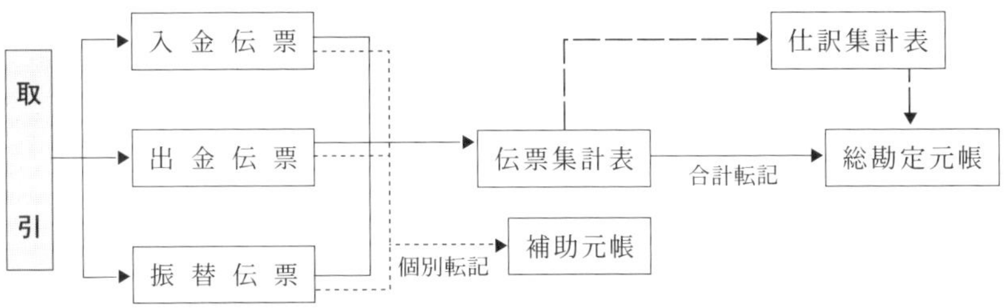

(3) 五 伝 票 制

　五伝票制は，仕入取引と売上取引の重要性を考慮して，入金取引，出金取引のほかに，仕入に関する取引，売上に関する取引，それ以外の振替取引に分類し，入金伝票，出金伝票，**仕入伝票**（黒刷），**売上伝票**（黒刷），振替伝票の5種

類の伝票を起票する方法である。

　商品を仕入れたとき，仕入伝票に仕入先，品名，数量，単価，金額ならびに代金の決済方法などを記入する。仕入戻しや値引きがあった場合は，仕入伝票に朱記する。

　仕入伝票を使用する場合は，すべての仕入を掛取引として処理する。したがって，掛仕入はそのまま記入すればよいが，現金，小切手，手形で決済が行われた場合は，すべていったん掛取引として処理し，その後ただちにその掛代金を現金，小切手または手形で支払ったように処理する。

例題 12 − 4

次の取引を伝票記入しなさい。
　平成×年2月22日　松本商店から商品¥57,000（C商品380個@¥150）を仕入れ，代金のうち¥17,000を現金で支払い，残額は掛とした。(No. 11) (No. 27)

解　答

No. 11　　　　　　　仕　入　伝　票
松本商店　殿　　　　平成×年2月22日　　　承認印｜主任印｜検印｜係印

品　名	数　量	単　価	金　額	摘　要
C　商　品	380個	@¥150	57,000	現金および掛
合　計			57,000	

出　金　伝　票　　No. 27
平成×年2月22日

承認印｜検印｜係印

科目	買掛金	出金先	松本商店　殿
摘　　要			金　額
C商品380個@¥150の一部			17,000
合　計			17,000

解説

仕入伝票は，すべてを掛取引として扱うため，まず仕入伝票において，
① 取引の発生日を記入する。
② 起票順に番号を記入する。
③ 取引先名，品名，数量，単価，金額を，摘要には，支払条件を記入する。

次に，出金伝票において，
④ 取引の発生日を記入する。
⑤ 起票順に番号を記入する。
⑥ 科目欄に相手勘定科目名（借方科目），金額欄に入金額を記入する。
⑦ 摘要には，相手勘定科目名（買掛金）の明細を記入する。

仕訳は，以下のようになる。

　　（借）仕　　　入　57,000　（貸）買　掛　金　57,000 ←仕入伝票
　　（借）買　掛　金　17,000　（貸）現　　　金　17,000 ←出金伝票

一方，商品を販売したときは，売上伝票に売上先，品名，数量，単価，金額ならびに代金の決済方法などを記入する。売上戻りや値引きなどがあった場合は，売上伝票に朱記する。

売上伝票を使用する場合も仕入伝票同様，すべて掛取引として処理し，記入方法も同じである。したがって，掛売上は，そのまま記入すればよいが，現金，小切手，手形で決済が行われた場合は，すべていったん掛取引として処理し，その後ただちにその掛代金を現金，小切手または手形で受け取ったように処理する。

例題 12 － 5

次の取引を伝票記入しなさい。
平成×年 11 月 4 日　滝沢商店へ商品￥82,450（D商品 170 個＠￥485）を売り渡し，代金は掛とした。（No. 11）

解　答

No.11		売　上　伝　票		承認印	主任印	検印	係印
滝沢商店　殿		平成×年11月4日					

品　　名	数　量	単　価	金　　額	摘　　　要
D　商　品	170	485	82,450	掛　売　り
合　　計			82,450	

解　説

起票方法は，以下のように行う。

①　取引の発生日を記入する。

②　起票順に番号を記入する。

③　取引先名，品名，数量，単価，金額を，摘要には，支払条件を記入する。

仕訳は，以下のようになる。

　　　　（借）売　掛　金　　82,450　　（貸）売　　　上　　82,450

　五伝票制における総勘定元帳への転記は，三伝票制と同じように，定期的に伝票をまとめて伝票集計表を作成し，その伝票集計表から合計転記するのが一般的で，以下のようになる。

①　仕入伝票は，仕入，仕入戻し，値引きとに分類・集計して，仕入高を仕入勘定の借方と買掛金勘定の貸方に記入し，仕入戻し，値引きは，仕入勘定の貸方と買掛金勘定の借方に転記する。

②　売上伝票は，売上，売上戻り，値引きとに分類・集計して，売上高を売上勘定の貸方と売掛金勘定の借方に記入し，売上戻り，値引きは，売上勘定の借方と売掛金勘定の貸方に転記する。

③　その他の集計手続は，三伝票制と同じである。

第12章　帳簿組織・伝票

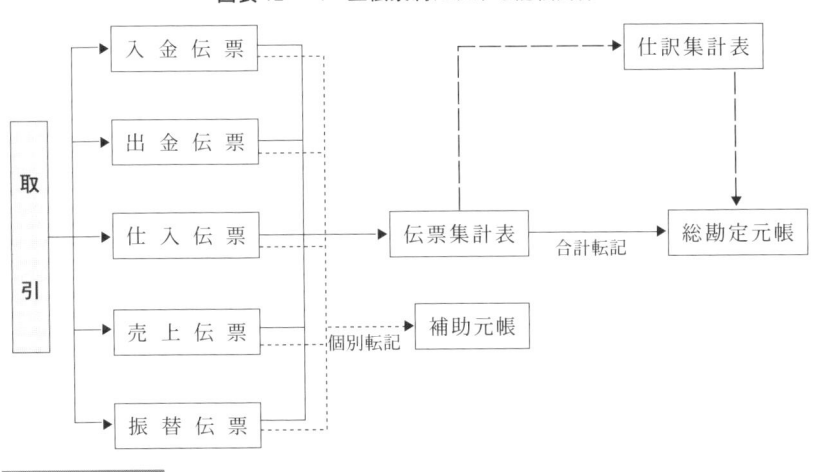

図表 12 － 4　五伝票制における記帳関係

```
                 ┌→ 入 金 伝 票 ┐             ┌→ 仕訳集計表
                 │              │             │        │
                 ├→ 出 金 伝 票 ┤             │        │
   取            │              │             │        ↓
   引 ──────────┼→ 仕 入 伝 票 ┼→ 伝票集計表 ┤  合計転記  総勘定元帳
                 │              │             │
                 ├→ 売 上 伝 票 ┤→ 補助元帳
                 │              │   個別転記
                 └→ 振 替 伝 票 ┘
```

例題 12 － 6

　次の2枚の伝票は，ある一つの取引について作成されたものである。これらの伝票から取引を推定し，伝票を使用しなかった場合のその取引の仕訳を示しなさい。

入金伝票	
平成○年1月23日	
科　目	金　額
売　掛　金	23,450

振　替　伝　票			
平成○年1月23日			
借方科目	金　額	貸方科目	金　額
売　掛　金	300,000	売　　上	300,000

解　答

　　（借）売　　掛　　金　276,550　　（貸）売　　　　　上　300,000
　　（借）現　　　　　金　 23,450

解　説

伝票ごとの仕訳は，次のとおりである。

　　（借）現　　　　金　 23,450　　（貸）売　掛　金　 23,450　←入金伝票
　　（借）売　掛　金　300,000　　（貸）売　　　　上　300,000　←振替伝票

第 13 章

決　　　算

1 ■決算の意義

　簿記は期中に発生した取引を分析し，帳簿に記録する。そして，その記録を総括し，損益を算定したり，財務諸表を作成する資料を提供したりしなければならない。そのためには一定の期間をもって区切りをつけて，その期末に記録を整理，集計する必要がある。そして最後に帳簿に期間的な区切りすなわち帳簿の締切りをすることになる。これを決算といい，その中心は元帳勘定の締切りである。さらに，簿記は期間の経営成績を明らかにし，期末の財政状態を明瞭にするために，損益計算書と貸借対照表を作成することになる。このように勘定の締切りから財務諸表の作成にいたる決算における一連の過程を決算手続きという。

2 ■決算手続き

　決算手続きの概要は，以下の内容と順序である。
　　① 試算表の作成
　　② 修正事項の決定と棚卸表の作成
　　③ 試算表および修正事項から精算表の作成
　　④ 精算表を利用しての各勘定の修正記入
　　⑤ 損益勘定を設定し，収益・費用の各勘定残高を損益勘定に振替え
　　⑥ 損益勘定残高を資本金勘定へ振替え
　　⑦ 収益・費用の各勘定と損益勘定の締切り

⑧ 資産・負債の各勘定と資本金勘定の締切り，各勘定残高の繰越し
⑨ 繰越試算表の作成
⑩ 損益勘定と繰越試算表から損益計算書と貸借対照表の作成

　以上の決算手続きを①②③の決算予備手続き，④から⑨までの決算本手続き，そして⑩の財務諸表の作成とに区分することができる。ここで決算本手続きが各種の帳簿上での記入をともなうので，帳簿決算（元帳決算）ともいわれる。

3 ■決算予備手続き

　決算予備手続きは，決算本手続きに入る前に総勘定元帳の記録が正確であるかどうかを検査する。その手続きは，元帳勘定の数値が正確であるかどうかということ，元帳勘定残高で修正を必要とするものを整理することなど，総勘定元帳の記録の正確性とその残高の適正性を検証し，適正な期間損益計算の基礎をうるために実施されるものである。

(1) 試算表の作成

　試算表は，総勘定元帳の数値を全体の貸借一致を検証することによって，その勘定記入が正しいことを確認するために作成する表である。
　試算表の種類には，合計試算表，残高試算表，合計残高試算表，繰越試算表などがある。合計試算表は各勘定の借方と貸方の金額合計を一覧表にしたものである。残高試算表は各勘定残高を一覧表にしたものである。合計試算表と残高試算表を合わせた一覧表が合計残高試算表である（第2章参照）。
　試算表は日，週，月，年などの期間で作成するが，おもに決算手続きの最初で，期中取引に関する仕訳帳の締切り後，期中取引についての元帳記入が正しいかどうかを確かめるために試算表を作成する。

第13章 決　　算

例題 13 － 1

次の各勘定口座の記録によって，合計残高試算表を作成しなさい。

現　　金	
150,000	134,700

売　掛　金	
500,000	350,000

受　取　手　形	
400,000	150,000

繰　越　商　品	
180,000	

備　　品	
100,000	

買　掛　金	
350,000	400,000

支　払　手　形	
270,000	325,000

貸 倒 引 当 金	
	1,300

減価償却累計額	
	27,000

資　本　金	
	500,000

売　　上	
	800,000

受 取 手 数 料	
	18,000

仕　　入	
650,000	

給　　料	
70,000	

支 払 保 険 料	
24,000	

支　払　家　賃	
12,000	

解答

合計残高試算表

平成○年12月31日

借方		元丁	勘定科目	貸方	
残高	合計			合計	残高
15,300	150,000		現　　　　　金	134,700	
150,000	500,000		売　　掛　　金	350,000	
250,000	400,000		受　取　手　形	150,000	
180,000	180,000		繰　越　商　品		
100,000	100,000		備　　　　　品		
	350,000		買　　掛　　金	400,000	50,000
	270,000		支　払　手　形	325,000	55,000
			貸　倒　引　当　金	1,300	1,300
			減価償却累計額	27,000	27,000
			資　　本　　金	500,000	500,000
			売　　　　　上	800,000	800,000
			受　取　手　数　料	18,000	18,000
650,000	650,000		仕　　　　　入		
70,000	70,000		給　　　　　料		
24,000	24,000		支　払　保　険　料		
12,000	12,000		支　払　家　賃		
1,451,300	2,706,000			2,706,000	1,451,300

解説

　各勘定口座の借方合計と貸方合計を合計残高試算表の各勘定科目に該当する借方および貸方の合計欄に記入する。合計欄の借方合計と貸方合計の金額が一致していることを確認する。この貸借の一致した合計金額は，仕訳帳の期中取引の合計金額と一致しているか確認する。残高欄には，合計残高試算表の各勘定の合計欄の借方と貸方の金額を比較し，その差額を多い側の残高欄に記入する（第2章参照）。

(2) 棚卸表の作成と決算整理

　元帳勘定残高には，決算の時点で実際の残高と一致していないものや，その期間に属する収益や費用の適正な金額を示していないものがある。決算にさいして，このような勘定残高を適正な数値に修正することが必要である。そのた

第13章 決　　　算

めの修正手続きを決算整理といい，決算整理を必要とする事項を**決算整理事項**という。**棚卸表**は，この決算整理事項をまとめて記載して一覧表にしたものである。

決算整理事項には，次のものがある。

① 現金過不足勘定の整理（第3章）
② 売上原価の計算（第4章）
③ 売上債権に対する貸倒れの見積り（第5章）
④ 有価証券の評価替え（第6章）
⑤ 固定資産の減価償却（第8章）
⑥ 消耗品の処理（第10章）
⑦ 引出金の整理（第9章）
⑧ 費用・収益の見越し・繰延べ（第10章）

例題 13 − 2

例題 13 − 1 の合計残高試算表と下記の棚卸表に基づいて，決算整理に必要な仕訳を示しなさい。ただし，会計期間は1年とする。

棚　卸　表
平成○年12月31日

勘定科目	摘　　要	内　訳	金　額
① 繰越商品	A 品　1,000個　@¥120	120,000	
	B 品　　800個　@¥100	80,000	200,000
② 売掛金	期末残高	150,000	
	貸倒引当金2%	3,000	147,000
受取手形	期末残高	250,000	
	貸倒引当金2%	5,000	245,000
③ 備品	取得原価	100,000	
	減価償却累計額　¥27,000		
	当期減価償却額　¥ 9,000	36,000	64,000
④ 前払保険料	月額 ¥2,000　前払分3カ月		6,000
⑤ 未収手数料	月額 ¥3,000　未収分3カ月		9,000
⑥ 未払家賃	月額 ¥4,000　未払分3カ月		12,000
⑦ 現金	帳簿残高	15,300	
	不足額	300	15,000

解答

①	(借)	仕　　　　　入	180,000	(貸)	繰　越　商　品	180,000
		繰　越　商　品	200,000		仕　　　　　入	200,000
②	(借)	貸倒引当金繰入	6,700	(貸)	貸　倒　引　当　金	6,700
③	(借)	減　価　償　却　費	9,000	(貸)	減価償却累計額	9,000
④	(借)	前　払　保　険　料	6,000	(貸)	支　払　保　険　料	6,000
⑤	(借)	未　収　手　数　料	9,000	(貸)	受　取　手　数　料	9,000
⑥	(借)	支　払　家　賃	12,000	(貸)	未　払　家　賃	12,000
⑦	(借)	雑　　　　　損	300	(貸)	現　　　　　金	300

解説

① 繰越商品勘定の残高（期首商品棚卸高）を仕入勘定の借方に振り替え，次いで期末商品棚卸高を仕入勘定から繰越商品勘定に振り替える。この仕訳によって，仕入勘定は売上に対応する売上原価を計算することになる。

② 貸倒引当金の設定で，売掛金と受取手形の期末残高に対して2％の貸倒れを見積もり，その設定額は¥8,000 [(¥150,000＋250,000)×0.02] となる。前期末に設定した貸倒引当金の残高が¥1,300あり，差額補充法で処理した場合の仕訳である。

③ 備品（取得原価¥100,000，耐用年数10年，残存価額は取得原価の10％）の減価償却費の計上である。減価償却費は定額法で計算し，間接法で記帳した場合の仕訳である。

④ 保険料の前払分を次期に繰り延べる。支払保険料¥24,000から前払分¥6,000を差し引く仕訳となる。

⑤ 手数料の未収分を見越し計上する。受取手数料として未収分¥9,000を加算する仕訳である。

⑥ 家賃の未払分を見越し計上する。支払家賃として未払分¥12,000を加算する仕訳である。

⑦ 現金の実際有高¥15,000と帳簿残高¥15,300との差額を雑損として処理する。

(3) 精算表の作成

試算表はすべての勘定の記録を集計し一覧表示している。残高試算表はそのほかに修正する項目がなければ，そのまま財務諸表作成の資料となる。精算表は試算表から損益計算書および貸借対照表までの一連の決算概要を示した集計計算表である。そして精算表は決算の概要を一覧表示するとともに，それによって事前に決算の計算過程やその結果を確認できる。

精算表には，6桁精算表，8桁精算表，10桁精算表などがある。これら精算表の作成手順は，6桁精算表の作成手順（第2章参照）を基本としている。8桁精算表は6桁精算表に決算整理のための修正記入欄を設けたものであり，10桁精算表は8桁精算表に修正後残高試算表欄を設けたものである。ここでは，8桁精算表の作成を行う。8桁精算表の作成では6桁精算表を作成するさいの手順に次の手順が加わる。

① 決算整理事項の仕訳を修正記入欄に記入する。そのさいに勘定科目欄に該当する科目がない場合は，勘定科目欄に追加する。
② 修正記入された勘定科目は，修正記入欄の金額と残高試算表欄の金額が貸借同じ側の場合は加算し，反対側ならば減算して，資産・負債・資本の勘定ならば貸借対照表欄へ，費用・収益の勘定ならば損益計算書欄へそれぞれ移記する。

図表13－1　8桁精算表の作成

精　算　表

平成×年12月31日

勘定科目	残高試算表		修正記入		損益計算書		貸借対照表	
	借　方	貸　方	借　方	貸　方	借　方	貸　方	借　方	貸　方
資産の勘定	1,500		＋500	－			2,000	
負債の勘定		400	－50	＋150				500
資本の勘定		1,000	＋	－				1,000
収益の勘定		800	－	＋250		1,050		
費用の勘定	700		＋	－150	550			
当期純利益					500			500
	2,200	2,200	550	550	1,050	1,050	2,000	2,000

例題 13 − 3

例題 13 − 1 の合計残高試算表と例題 13 − 2 の棚卸表によって 8 桁精算表を作成しなさい。

解 答

精 算 表

勘定科目	残高試算表 借方	残高試算表 貸方	修正記入 借方	修正記入 貸方	損益計算書 借方	損益計算書 貸方	貸借対照表 借方	貸借対照表 貸方
現　　　　金	15,300			⑦　　300			15,000	
売　掛　金	150,000						150,000	
受　取　手　形	250,000						250,000	
繰　越　商　品	180,000		①200,000	①180,000			200,000	
備　　　　品	100,000						100,000	
買　掛　金		50,000						50,000
支　払　手　形		55,000						55,000
貸倒引当金		1,300		②　6,700				8,000
減価償却累計額		27,000		③　9,000				36,000
資　本　金		500,000						500,000
売　　　　上		800,000				800,000		
受取手数料		18,000		⑤　9,000		27,000		
仕　　　　入	650,000		①180,000	①200,000	630,000			
給　　　　料	70,000				70,000			
支払保険料	24,000			④　6,000	18,000			
支　払　家　賃	12,000		⑥12,000		24,000			
	1,451,300	1,451,300						
貸倒引当金繰入			②　6,700		6,700			
減価償却費			③　9,000		9,000			
前払保険料			④　6,000				6,000	
未収手数料			⑤　9,000				9,000	
未　払　家　賃				⑥12,000				12,000
雑　　　　損			⑦　300		300			
当期純利益					69,000			69,000
			423,000	423,000	827,000	827,000	730,000	730,000

4 ■決算本手続き(帳簿決算)

(1) 帳簿決算

　決算予備手続きによって，総勘定元帳の正確性が検証され，また勘定金額の修正を必要とするものを列挙し，精算表を作成して決算の概要を把握することができた。この段階では，仕訳帳と総勘定元帳ではなにも記帳処理していない。そこで，決算本手続きでは，帳簿上で実際に記帳処理を行い，最終的に帳簿を締め切って期間的な区切りをつける。

　総勘定元帳の締切手続きを行うまえに，決算整理事項がある場合には，これを処理する仕訳を行い元帳に転記する。ここでの仕訳を**決算整理仕訳**という。そのさいに精算表の修正記入欄が利用される。

　次に損益勘定を設けて，費用および収益の各勘定の残高を損益勘定に振り替えてから各勘定を締め切る（第2章参照）。

　すでに述べたように資産，負債および資本の各勘定を締め切る方法には，英米式決算法と大陸式決算法という2つの方法がある。両決算法とも費用および収益の各勘定の締切りまでは同様の手続きをとる。しかし資産，負債および資本の勘定を締め切るさいに，締切手続きが両決算法では異なる。ここでの例題も英米式決算法で説明しているので，この方法の特徴を明らかにするために大陸式決算法の概要を述べておくことにする。

　大陸式決算法は，資産，負債および資本の各勘定を締め切るために、残高勘定を設定して、各勘定残高をそこに振り替える。そのために費用および収益の各勘定残高の振替えを行ったのと同様に、仕訳帳で決算振替仕訳を行い、元帳に転記するという手続きが加わるのである。

例題13－4

　例題13－3の8桁精算表によって，仕訳帳で決算仕訳を行い，例題13－1の総勘定元帳に転記して締め切りなさい。

解答

仕　訳　帳

平成○年		摘　　　要	元丁	借　方	貸　方
		（期中の取引の合計）		2,706,000	2,706,000
		決　算　仕　訳			
12	31	（仕　　　入）		180,000	
		（繰　越　商　品）			180,000
	〃	（繰　越　商　品）		200,000	
		（仕　　　入）			200,000
	〃	（貸倒引当金繰入）		6,700	
		（貸　倒　引　当　金）			6,700
	〃	（減　価　償　却　費）		9,000	
		（減価償却累計額）			9,000
	〃	（前　払　保　険　料）		6,000	
		（支　払　保　険　料）			6,000
	〃	（未　収　手　数　料）		9,000	
		（受　取　手　数　料）			9,000
	〃	（支　払　家　賃）		12,000	
		（未　払　家　賃）			12,000
	〃	（雑　　　損）		300	
		（現　　　金）			300
	〃	諸　　口　（損　　　益）			827,000
		（売　　　上）		800,000	
		（受　取　手　数　料）		27,000	
	〃	（損　　　益）　諸　　　口		758,000	
		（仕　　　入）			630,000
		（給　　　料）			70,000
		（支　払　保　険　料）			18,000
		（支　払　家　賃）			24,000
		（貸倒引当金繰入）			6,700
		（減　価　償　却　費）			9,000
		（雑　　　損）			300
	〃	（損　　　益）		69,000	
		（資　本　金）			69,000
				2,077,000	2,077,000
1	1	前期繰越高		730,000	730,000

第13章 決算

現　　　金			
繰越 150,000			134,700
		12/31 雑　損	300
		〃 次期繰越	15,000
150,000			150,000
1/1 前期繰越 15,000			

売　掛　金			
500,000			350,000
		12/31 次期繰越	150,000
500,000			500,000
1/1 前期繰越 150,000			

受　取　手　形			
400,000			150,000
		12/31 次期繰越	250,000
400,000			400,000
1/1 前期繰越 250,000			

繰　越　商　品			
	180,000	12/31 仕　入	180,000
12/31 仕　入	200,000	〃 次期繰越	200,000
	380,000		380,000
1/1 前期繰越 200,000			

備　　　品			
100,000		12/31 次期繰越	100,000
1/1 前期繰越 100,000			

未　収　手　数　料			
12/31 受取手数料	9,000	12/31 次期繰越	9,000
1/1 前期繰越 9,000			

前　払　保　険　料			
12/31 支払保険料 6,000		12/31 次期繰越	6,000
1/1 前期繰越 6,000			

買　掛　金			
350,000			400,000
12/31 次期繰越	50,000		
400,000			400,000
		1/1 前期繰越	50,000

支　払　手　形			
270,000			325,000
12/31 次期繰越 55,000			
325,000			325,000
		1/1 前期繰越	55,000

未　払　家　賃			
12/31 次期繰越	12,000	12/31 支払家賃	12,000
		1/1 前期繰越	12,000

貸　倒　引　当　金			
12/31 次期繰越 8,000			1,300
		12/31 貸倒引当金繰入	6,700
8,000			8,000
		1/1 前期繰越	8,000

減価償却累計額			
12/31 次期繰越	36,000		27,000
		12/31 減価償却費	9,000
36,000			36,000
		1/1 前期繰越	36,000

資　本　金			
12/31 次期繰越 569,000			500,000
		12/31 損　益	69,000
569,000			569,000
		1/1 前期繰越	569,000

売　　　上			
12/31 損　益 800,000			800,000

受　取　手　数　料			
12/31 損　益 27,000			18,000
		12/31 未収手数料	9,000
27,000			27,000

仕　　　入			
	650,000	12/31 繰越商品	200,000
12/31 繰越商品	180,000	〃 損　益	630,000
	830,000		830,000

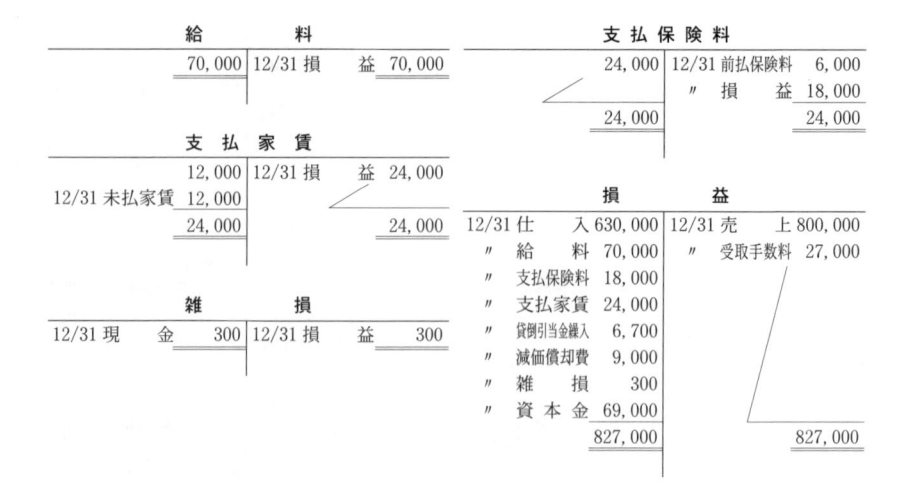

給　　　料			
70,000	12/31 損　益	70,000

	支　払　保　険　料		
	24,000	12/31 前払保険料	6,000
		〃　　損　　益	18,000
	24,000		24,000

	支　払　家　賃		
	12,000	12/31 損　益	24,000
12/31 未払家賃	12,000		
	24,000		24,000

	雑　　　損		
12/31 現　　金	300	12/31 損　益	300

	損　　　　　益		
12/31 仕　　入	630,000	12/31 売　　上	800,000
〃　給　　料	70,000	〃　受取手数料	27,000
〃　支払保険料	18,000		
〃　支払家賃	24,000		
〃　貸倒引当金繰入	6,700		
〃　減価償却費	9,000		
〃　雑　　損	300		
〃　資　本　金	69,000		
	827,000		827,000

(2) 繰越試算表の作成

英米式決算法では，第 2 章で説明したように，資産，負債および資本の各勘定を締め切る場合に，各勘定の残高を勘定口座で次期へ繰り越す記入を行うため損益勘定のような各勘定を集める勘定（残高勘定）がない。そこで，英米式決算法では，次期繰越記入の正確性を検証するために，資産，負債および資本の各勘定口座の次期繰越高（ないし前期繰越高）を集合して一覧表示した繰越試算表を作成する。

> **例題 13 － 5**
>
> 例題 13 － 4 の総勘定元帳の記録から繰越試算表を作成しなさい。

解 答

繰 越 試 算 表

平成○年 12 月 31 日

借 方	元丁	勘 定 科 目	貸 方
15,000		現　　　　　　金	
150,000		売　　掛　　金	
250,000		受　取　手　形	
200,000		繰　越　商　品	
100,000		備　　　　　　品	
6,000		前　払　保　険　料	
9,000		未　収　手　数　料	
		買　　掛　　金	50,000
		支　払　手　形	55,000
		支　払　家　賃	12,000
		貸　倒　引　当　金	8,000
		減　価　償　却　累　計　額	36,000
		資　　本　　金	569,000
730,000			730,000

5 ■財務諸表の作成

決算本手続き終了後，その結果を報告するための会計報告書を作成する。そのおもな会計報告書は，決算によって明らかとなった会計期間の経営成績を示すために作成される損益計算書と，その期末の財政状態を示すために作成される貸借対照表である。これらの報告書は財務諸表と呼ばれる。

(1) 損益計算書の作成

損益計算書は，一会計期間の収益と費用を対応し，その期間の経営成績である当期純利益（または純損失）を表示する報告書であり，損益勘定に基づいて作成される。

例題 13 − 6

例題 13 − 4 の総勘定元帳の損益勘定から損益計算書を作成しなさい。

解答

損 益 計 算 書

平成○年 1 月 1 日から平成○年 12 月 31 日まで

○○商店

費　　　　用	金　　額	収　　　　益	金　　額
売 上 原 価	630,000	売 上 高	800,000
給　　　　料	70,000	受 取 手 数 料	27,000
支 払 保 険 料	18,000		
支 払 家 賃	24,000		
貸 倒 引 当 金 繰 入	6,700		
減 価 償 却 費	9,000		
雑　　　　損	300		
当 期 純 利 益	**69,000**		
	827,000		827,000

解説

損益計算書は報告書であるので，記載項目がその内容を端的に示している必要がある。そこで損益勘定の摘要欄にある勘定科目と異なる表示をするものがある。この例題では，仕入を売上原価に，売上を売上高に，資本金を当期純利益にそれぞれ表示する。

(2) 貸借対照表の作成

貸借対照表は，会計期末の資産および負債・資本を対照して示し，その期末の財政状態を表示する報告書であり，繰越試算表にもとづいて作成される。

例題 13 − 7

例題 13 − 5 の繰越試算表から貸借対照表を作成しなさい。

解答

貸 借 対 照 表
平成○年 12 月 31 日

○○商店

資　　産	金　　額		資産および資本	金　　額	
現　　　金		15,000	買　掛　金		50,000
売　掛　金	150,000		支　払　手　形		55,000
貸倒引当金	3,000	147,000	未　払　家　賃		12,000
受　取　手　形	250,000		資　本　金		500,000
貸倒引当金	5,000	245,000	当　期　純　利　益		69,000
商　　　品		200,000			
備　　　品	100,000				
減価償却累計額	36,000	64,000			
前　払　保　険　料		6,000			
未　収　手　数　料		9,000			
		686,000			686,000

解説

損益計算書と同様に貸借対照表も報告書であるので，記載項目が繰越試算表の勘定科目と異なることがある。たとえば，繰越商品は商品に表示する。さらに貸倒引当金や減価償却累計額といった評価勘定は，それぞれの対応する資産から控除する形式で表示する。また，資本金は期首の資本金と当期純利益とに分けて記載する。

索　　引

【あ】

預り金勘定 …………………………… 59
洗替法 ………………………………… 53

【い】

移動平均法 …………………………… 42
印紙税 ………………………………… 118

【う】

受取手形勘定 …………………… 78, 85
受取手形記入帳 ……………………… 87
受取配当金勘定 ……………………… 71
裏書譲渡 ……………………………… 84
売上勘定 ……………………………… 34
売上伝票 ……………………………… 129
売掛金 ………………………………… 48
売掛金勘定 …………………………… 48
売掛金元帳 …………………………… 50

【え】

英米式決算法 …………………… 17, 143

【か】

買掛金 ………………………………… 48
買掛金勘定 …………………………… 48
買掛金元帳 …………………………… 50
会計期間 ……………………………… 3
会計単位の前提 ……………………… 3
会計帳簿 ……………………………… 121
会計年度 ……………………………… 4
開始記入 ……………………………… 17
貸倒れ ………………………………… 52
貸倒損失勘定 ………………………… 52
貸倒引当金 …………………………… 52
貸倒引当金勘定 ……………………… 52
貸倒引当金繰入勘定 ………………… 52
貸付金 ………………………………… 54
貨幣測定 ……………………………… 3
借入金 ………………………………… 54
仮受金 ………………………………… 60
仮払金 ………………………………… 60
為替手形 ………………………… 77, 79
勘定科目 ……………………………… 6
勘定口座 ……………………………… 5
間接法 ………………………………… 96
関連会社株式 ………………………… 67

【き】

企業実体 ……………………………… 3
期首 …………………………………… 4
期中 …………………………………… 4
期中手続き …………………………… 9
期末 …………………………………… 4
金融手形 ……………………………… 89

【く】

繰越試算表 ……………………… 18, 146
繰越商品勘定 ………………………… 34

【け】

経過勘定 ……………………………… 107
決済 …………………………………… 77
決算整理事項 …………………… 14, 139
決算整理仕訳 ………………………… 143
決算手続き ……………………… 10, 135
決算振替仕訳 ………………………… 17
決算本手続き ………………………… 16
決算予備手続き ………………… 13, 136
減価償却 ……………………………… 95
減価償却費 …………………………… 95
減価償却費勘定 ……………………… 96

151

減価償却累計額勘定……………96
現金…………………………21
現金出納帳…………………22

【こ】

合計残高試算表……………14
合計試算表…………………14
合計転記……………………128
子会社株式…………………67
小切手………………………25
小口現金……………………29
小口現金出納帳……………31
固定資産……………………93
固定資産税…………………118
固定資産売却益勘定………98
固定資産売却損勘定………98
個別転記………………123, 128

【さ】

財務諸表……………………147
差額補充法…………………53
先入先出法…………………42
雑益勘定……………………23
雑損勘定……………………23
残存価額……………………96
三分法………………………33

【し】

仕入勘定……………………34
仕入諸掛……………………34
仕入伝票……………………129
仕入値引高…………………35
仕入戻し高…………………35
事業税………………………117
自己宛為替手形……………83
自己指図為替手形…………84
資産……………………………4
試算表……………13, 136, 141
実在勘定……………………18

支払手形勘定………………78
資本……………………4, 101
資本金勘定…………………101
資本的支出…………………95
車両運搬具勘定……………94
収益……………………………4
収益的支出…………………94
収益の繰延べ………………110
収益の見越し………………113
従業員立替金勘定…………59
修繕費………………………94
住民税………………………116
出金伝票……………………124
取得原価……………………96
主要簿………………………121
償却債権取立益勘定………54
商業手形……………………89
証憑…………………………122
商品勘定……………………33
商品券勘定…………………62
商品売買益勘定……………33
消耗品費勘定………………109
所得税………………………115
仕訳……………………………8
仕訳集計表……………123, 128
仕訳帳…………………8, 121
仕訳伝票……………………123
人名勘定……………………49

【せ】

精算表………………………14

【そ】

総勘定元帳……………………8
租税公課……………………117
損益計算書……………5, 147

【た】

貸借対照表……………5, 148

索　引

貸借対照表等式……………………………7
耐用年数……………………………………96
大陸式決算法……………………17, 143
立替金勘定…………………………………59
建物勘定……………………………………93
他店商品券…………………………………62
棚卸表………………………………14, 139
短期貸付金…………………………………55
短期借入金…………………………………55

【ち】

長期貸付金…………………………………55
長期借入金…………………………………55
帳簿決算……………………………………16
直接法………………………………………96

【て】

T字型の口座………………………………6
定額資金前渡制度…………………………30
定額法………………………………………96
手形…………………………………………75
手形貸付金勘定……………………………90
手形借入金勘定……………………………90
手形の更改…………………………………90
手形の割引…………………………………85
手形売却損勘定……………………………86
転記…………………………………………8
伝票………………………………………122
伝票会計制度……………………………122
伝票集計表………………………………128

【と】

当座借越勘定………………………………27
当座借越契約………………………………27
当座勘定……………………………………28
当座預金……………………………………25
当座預金勘定………………………………25
当座預金出納帳……………………………27
統制勘定……………………………………52

土地勘定……………………………………94
取引…………………………………………5

【に】

入金伝票…………………………………124

【は】

売買目的有価証券…………………………67
端数利息……………………………………69
8桁精算表…………………………………14
発送費勘定…………………………………36

【ひ】

引受け………………………………………80
引出金勘定………………………………103
備品勘定……………………………………93
費用…………………………………………4
評価勘定………………………………53, 97
費用の繰延べ……………………………108
費用の見越し……………………………112

【ふ】

負債…………………………………………4
振替伝票…………………………………124
分記法………………………………………33

【ほ】

簿記上の取引………………………………5
補助簿……………………………………121

【ま】

前受金………………………………………58
前受金勘定…………………………………58
前払金………………………………………58
前払金勘定…………………………………58
満期保有目的の債券………………………67

【み】

未収金勘定…………………………………56

153

未払金勘定……………………………56
未払税金勘定…………………………118

【め】

名目勘定………………………………18

【も】

元入れ…………………………………102

【や】

約束手形………………………………76

【ゆ】

有価証券勘定…………………………67
有価証券の評価替え…………………72
有価証券売却益勘定…………………71
有価証券売却損勘定…………………71
有価証券評価益勘定…………………72
有価証券利息勘定……………………69

【ろ】

6桁精算表……………………………14

執筆者紹介 （執筆順）

村田　直樹（むらた　なおき）	日本大学経済学部教授	第 1 章
春日部光紀（かすかべ　みつのり）	北海道大学大学院准教授	第 2 章　第 7 章
澤登　千恵（さわのぼり　ちえ）	大阪産業大学経営学部教授	第 3 章　第 6 章
浦田　隆広（うらた　たかひろ）	久留米大学商学部教授	第 4 章　第 9 章
相川　奈美（あいかわ　なみ）	名城大学経営学部准教授	第 5 章　第12章
竹田　範義（たけだ　のりよし）	長崎県立大学経営学部教授	第 8 章　第13章
工藤　久嗣（くどう　ひさつぐ）	前淑徳大学経営学部教授	第10章　第11章

編著者との契約により検印省略

平成15年4月15日	初版第1刷発行
平成15年6月15日	初版第2刷発行
平成16年4月25日	初版第3刷発行
平成16年5月15日	初版第4刷発行
平成17年5月15日	初版第5刷発行
平成18年4月15日	初版第6刷発行
平成20年5月15日	初版第7刷発行
平成21年5月15日	初版第8刷発行
平成23年5月15日	初版第9刷発行
平成25年5月15日	初版第10刷発行
平成26年3月15日	初版第11刷発行
平成27年4月15日	初版第12刷発行
平成29年4月15日	初版第13刷発行
平成30年6月15日	初版第14刷発行

複式簿記の基礎

編 著 者	村 田 直 樹
	竹 田 範 義
	工 藤 久 嗣
発 行 者	大 坪 克 行
整 版 所	株式会社アイディ・東和
印 刷 所	光栄印刷株式会社
製 本 所	牧製本印刷株式会社

発 行 所　東京都新宿区　株式 税務経理協会
　　　　　下落合2丁目5番13号　会社

郵便番号 161-0033　振替 00190-2-187408　電話(03)3953-3301(編集部)
　　　　　　　　　FAX(03)3565-3391　　　 (03)3953-3325(営業部)
URL http：//www.zeikei.co.jp/
乱丁・落丁の場合はお取替えいたします。

© 村田直樹・竹田範義・工藤久嗣　2003　　Printed in Japan

本書の無断複写は著作権法上での例外を除き禁じられています。複写される
場合は、そのつど事前に、(社)出版者著作権管理機構（電話 03-3513-6969、
FAX03-3513-6979、e-mail:info@jcopy.or.jp）の許諾を得てください。

JCOPY ＜(社)出版者著作権管理機構 委託出版物＞

ISBN978-4-419-04148-9　C1063